PUT PEOPLE FIRST!

BERICHT VOM INTERNATIONALEN BAUFORUM 2019 | MAGISTRALEN IN HAMBURG

REPORT FROM THE INTERNATIONAL BAUFORUM 2019 | MAGISTRALEN IN HAMBURG

I0803426

jovis

Behörde für Stadtentwicklung und Wohnen | Dirk Meyhöfer (Hrsg.)

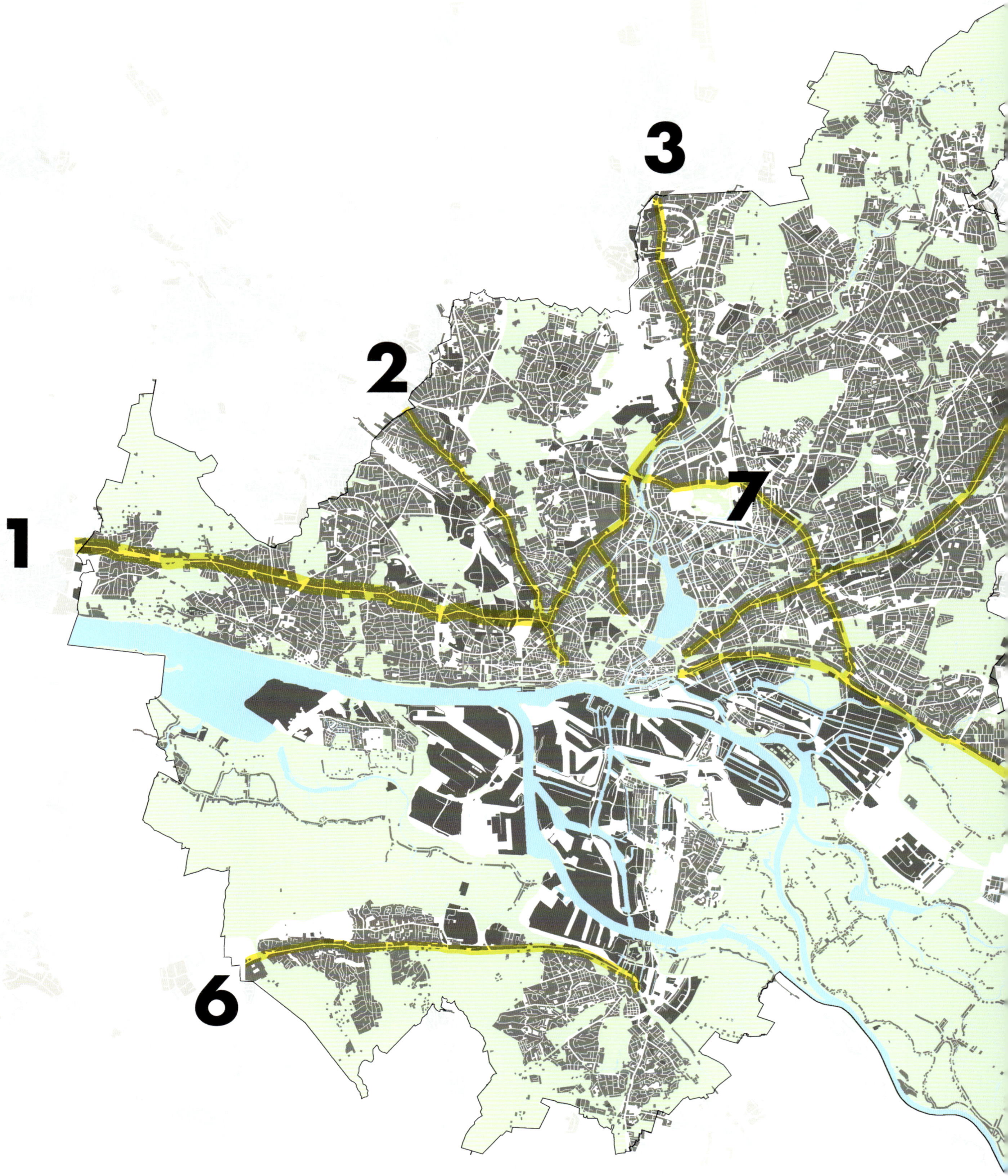
1
2
3
7
6

INHALT

CONTENT

PROLOG
PROLOGUE

01

14 Reise durch das Land der Magistralen | A Journey through Magistralenland

INTERVIEW MIT | WITH FRANZ-JOSEF HÖING

IDEENINKUBATOR FÜR DIE ZUKUNFT

IDEAS INCUBATOR FOR THE FUTURE

6 Tage, 14 Teams, 7 Magistralen. Teilnehmerinnen und Teilnehmer mit unterschiedlichen Kenntnissen vom Planungsgebiet – keine Scheren im Kopf, dafür neue Horizonte und Perspektiven vor Augen!

6 days, 14 teams, 7 Magistralen. Participants with varying knowledge of the planning area – no self-censorship! Instead, new horizons and perspectives in sight!

Gibst du mir Steine, geb ich dir Sand
Gibst du mir Steine, geb ich dir Sand
Gibst du mir Steine, geb ich dir Sand
Gibst du mir Steine, geb ich dir Sand

(Auszug aus einem Songtext der Band Palais Schaumburg, „Wir bauen eine neue Stadt", nach einer Kinderoper von Paul Hindemith, 1930)

("We're building a new city!", after a children's opera by Paul Hindemith, 1930)

Dr. Peter Tschentscher, Erster Bürgermeister der Freien und Hansestadt Hamburg

Dr Peter Tschentscher, First Mayor of Hamburg

MAGISTRALEN – ein drängendes Thema

„Die Hamburger Bauforen haben die Entwicklung unserer Stadt entscheidend geprägt. Sie sind internationale Ideenwerkstätten, um Antworten auf grundlegende Fragen der Stadtentwicklung zu finden und innovative Konzepte für besondere Orte zu erarbeiten – zum Beispiel für den Hamburger Wohnungsbau, die Realisierung der HafenCity oder den Sprung über die Elbe. Das Internationale Bauforum 2019 widmete sich der Weiterentwicklung von Magistralen, einem drängenden Thema urbaner Metropolen überall auf der Welt. Die Ideen, die in Hamburg entwickelt wurden, können die Attraktivität großer Städte und die Lebensqualität für ihre Bürgerinnen und Bürger nachhaltig verbessern. Ich danke allen Beteiligten sehr herzlich für ihr Engagement."

Dr. Peter Tschentscher

MAGISTRALEN – a pressing issue

"The Hamburg Bauforum has always had a decisive influence on the development of our city. They are international ideas workshops to find answers to fundamental questions of urban development and to work out innovative concepts for particular places – for example, for housebuilding in Hamburg, the realisation of HafenCity or the leap across the Elbe. The International Bauforum 2019 was dedicated to the further development of the Magistralen, a pressing issue for urban metropolises around the world. The ideas developed in Hamburg can deliver a lasting improvement in the attractiveness of large cities and the quality of life for their citizens. I would like to thank all those involved for their commitment."

Dr Peter Tschentscher

Dr. Dorothee Stapelfeldt, Senatorin für Stadtentwicklung und Wohnen, Hamburg

Dr Dorothee Stapelfeldt, Minister of Urban Development and Housing, Hamburg

MAGISTRALEN – ein faszinierendes Potenzial

„Die Entwicklung der Magistralen ist ein Schlüsselthema für die Hamburger Stadtentwicklung in den kommenden Jahrzehnten. Wir erkennen in den Räumen entlang der großen Ein- und Ausfallstraßen ein faszinierendes Potenzial der Innenentwicklung. Dieses Potenzial ist für Hamburgs Zukunft unverzichtbar – für weiterhin notwendigen Wohnungsbau, für Arbeitsstätten, für neue Grün- und Freizeitflächen, also einen attraktiven öffentlichen Raum. Mit dem 7. Bauforum hat Hamburg einen reichen Fundus an Ideen für die Zukunft dieser Räume gewonnen. Ein großes Dankeschön an alle, die auf dem Bauforum in langen Tagen und Nächten mit bewundernswertem Engagement und einem ganzheitlichen Ansatz der Betrachtung mitgewirkt haben."

Dr. Dorothee Stapelfeldt

MAGISTRALEN – fascinating potential

"The development of the Magistralen is a key theme of Hamburg's urban development for the coming decades. We see fascinating potential for interior development in the areas along the major arterial routes. This potential is indispensable for Hamburg's future – for continued essential housebuilding, for jobs, for new green spaces and leisure areas – for attractive public space, in other words. With the 7th Bauforum, Hamburg has gained a rich fund of ideas for the future of these spaces. A big thank you to all those who contributed to the Bauforum over long days and nights with admirable commitment and a holistic approach to the topic."

Dr Dorothee Stapelfeldt

Elementarer Teil des Programms I:
Bus-Exkursionen in das Land der Magistralen

An elementary part of the programme I:
bus excursions to the land of the Magistralen

Begegnung mit Unbekannten – (k)ein Risiko

Die Mischung macht den Unterschied beim Hamburger Bauforum: Internationale, nationale und lokale Architektur- und Planungsbüros nehmen teil, die sich vorher nur dem Namen nach gekannt haben. Dazu Verkehrsplaner, Querdenkerinnen, Studenten und Planerinnen der Behörde für Stadtentwicklung und Wohnen (BSW) sowie der Bezirke der Freien und Hansestadt Hamburg. Zusammen entstehen gemischte Teams aus jeweils einem Dutzend Teilnehmern und Teilnehmerinnen. Das bedeutet: unterschiedliche Planungskompetenz und -kulturen. Improvisation in der (sprachlichen) Kommunikation und Eigeninitiative bei der Organisation des Teams erzeugen einen dynamischen Gruppenprozess. Der Weg ist das Ziel – konstruktiver Austausch, Reibung bei der jeweiligen Argumentation, eine Mischung aus Erfahrung und Erfindung sind Teil des Spiels.

Das (wohl-)kalkulierte Ergebnis: Jedes Team hat diese Aufgabe im jeweils unterschiedlichen gruppendynamischen Prozess gelöst. Am Samstag folgt die Präsentation, die wir eine wirkliche Performance nennen – mit Gedichten, Musik, Modellen und Inszenierungen, auf einem bis zu 10 Meter langen Magistralen-Luftbildteppich im Maßstab 1:2000. Ein Team liefert ein 10 Meter langes Arbeitsmodell ab. 14 Teams, 7 Stunden – alles bühnenreif und spannend vorgetragen; beeindruckend und unvergesslich.

Mythos und Zauber des Arbeitssaals

Es ist der Höhepunkt und Abschluss einer ungewöhnlichen Woche mit etwa 200 Teilnehmern und Organisatoren und mehr als 8000 Besuchern. Ein Jahr lang hat ein Team der BSW zusammen mit dem Hamburger Planungsbüro urbanista präzise und generalstabsmäßig alles vorbereitet. Ein siebenköpfiger Fachbeirat hat Oberbaudirektor Franz-Josef Höing beraten. Doch alles hätte nicht funktioniert, wenn es nicht die fabulösen Deichtorhallen und ihren inspirierenden Genius Loci gegeben hätte: eine Kunsthalle mit Bühne, mit einer Wiese und darauf 600 bunten Acapulco-Stühlen. Diesem Ort, zentral gelegen und eigens zu einem Werkraum ertüchtigt, wohnt ein Zauber inne und die gelöste Werkstattatmosphäre setzt ein enormes Potenzial an Gedanken und Geistesblitzen frei.

Das Geheimnis eines solchen Formats, das schließlich zum Inkubator der Ideen geworden ist, liegt in der Inszenierung. Ein Bauforum ist öffentlich, aber kein klassisches Partizipationsformat. Das Raumkonzept sieht eine öffentliche Bühne für die zahlreichen begleitenden Vorträge, Diskussionen und Inputs vor. Aber der Werkstattbereich ist geschützt, nur für die Protagonistinnen und Protagonisten 24 Stunden täglich geöffnet. Das setzt unerforschte Energien frei, weil es ans Kerngeschäft erinnert: an die Arbeitssäle im Studium und an diese „fürchterlichen", wundersamen Stunden vor einer Wettbewerbsabgabe.

Privat und öffentlich zugleich

Die Teams können sich in Arbeitskojen zurückziehen, aber sie bleiben für die Außenwelt sichtbar. Medien und Öffentlichkeit dürfen den gläsernen Werkstattbereich besichtigen und den Teammitgliedern mit Abstand über die Schulter gucken oder auch die Instrumente des Digitallabors ausprobieren, zum Beispiel die *Touchtable* mit verknüpften urbanen Raumdaten.

„Draußen" findet ein Rahmenprogramm statt, fachlich und künstlerisch miteinander verknüpft, und so bildet sich temporär eine künstlerisch-kreativ arbeitende Community mitten in der Großstadt aus. Alle haben das Gefühl, an einem bedeutenden Denkereignis der Stadt und der Gemeinschaft der planenden kreativen Zunft teilzuhaben. Ergebnisse in Performances und Musik lebendig zu machen – das war nur in dieser Atmosphäre möglich.

Ob neue Erkenntnisse zum Zukunftspotenzial von Hamburgs Magistralen, Inspiration zu neuen Formen der Zusammenarbeit, der Beginn neuer Netzwerke oder das Entdecken der Qualitäten des Veranstaltungsorts – die Vielfalt der Gewinne spricht für das Format Hamburger Bauforum. Es hat im doppelten Sinne wieder neue Räume für Hamburg eröffnet.

Ein großer Dank dafür an ALLE Mitwirkenden!

SUMMARY

Encounter with the unknown – (no) risk

The Bauforum 2019 project begins with the intermingling of planners who did not know one another beforehand. International, national and local firms participate, plus traffic planners, lateral thinkers, students and planners from the BSW (Behörde für Stadtentwicklung und Wohnen/Ministry for Urban Development and Housing) and Hamburg's district authorities. Together, they form mixed teams consisting of a dozen participants each.

This arrangement entails different skills and cultures of planning. Improvisation in (spoken) communication and a free hand in organising the teams result in a dynamic group process. The journey is the reward – constructive exchanges, friction between the different arguments and a mixture of experience and invention are all part of the game.

The (well) calculated result: Each team solved this task through different processes of group dynamics. The presentation followed on Saturday. We ought really to call it a true performance – complete with poetry, music, models and staging – and all of it held on a carpet up to 10 metres long showing an aerial view of the Magistralen on a scale of 1:2000. Fourteen teams, seven hours; everything well rehearsed and excitingly presented. Impressive and unforgettable.

Myth and magic of the workroom

It is the high point and culmination of an unusual week, with more than 200 participants and organisers and 8000 visitors. For a year, a team from the BSW worked jointly with urbanista to prepare everything meticulously and with military precision.

A seven-strong committee of experts advised Oberbaudirektor (Chief Planning Officer) Franz-Josef Höing. However, none of this would have worked without the fabulous Deichtorhallen and their inspiring *genius loci*: a special established *Werkraum* with a meadow and 600 colourful Acapulco chairs on it. This place has something magical about it, and the relaxed workshop atmosphere releases an enormous potential for thought and strokes of brilliance.

The secret of this kind of format, one which ultimately creates an ideas incubator, lies in the staging. A Bauforum is public, but it is not a typical participatory format. The spatial concept provides for a public stage for the numerous accompanying presentations, discussions and inputs, but a workshop area that is private (albeit open all hours, day and night) for the protagonists. This sets free unexplored energies because it is reminiscent of the heart of the business: the university studios and those "terrible" and yet wondrous hours before a competition deadline.

Both private and public

"Outside", a supporting programme of professional and artistic related activities is taking place, thus allowing a temporary artistic-creative working community to develop in the middle of the city. The feeling of taking part in an important idea-producing event staged by the authority and the community of creative planners is a public one. Additionally, bringing the results to life through performance and music could only be possible in this atmosphere.

Whether there are new insights about the future potential of a Magistrale, whether the inspiration leads to new forms of cooperation or the beginning of new networks, or whether the quality of the Deichtorhallen location has been convincing, the multitude of "gains" is a clear point in favour of the Hamburg Bauforum format. In both senses, the format has opened up new spaces for Hamburg.

A big thank you to ALL the participants!

Elementarer Teil des Programms II:
Begegnung zwischen Urbanismus, Architektur und Musik

Elementary part of the programme II:
encounter between urbanism, architecture and music

GESCHICHTE DER HAMBURGER BAUFOREN

A HISTORY OF HAMBURG BAUFORUMS

Die traditionsreiche Veranstaltung des Hamburger Bauforums widmet sich seit 1984 in unregelmäßigen Abständen besonderen städtebaulichen Themen für Hamburger Orte und hat sich zu einem offenen Workshop entwickelt.

Hamburg Bauforum is an event rich in tradition. It has addressed certain urban development themes at irregular intervals since 1984, particularly for areas of Hamburg, and has developed into an open workshop.

Die Bauforen blicken stets über die Grenzen einzelner Fachdisziplinen hinaus und betrachten Stadträume integriert. In der Tradition des Formats steht die mutige Wahl herausfordernder Themen der Stadtentwicklung. Im Planungsalltag fehlen für einen dafür notwendigen Braintank die Ressourcen. Dafür wurde das Hamburger Bauforum erfunden und kultiviert weiterentwickelt.

Auf der Architekturbiennale in Venedig 1980, *Die Gegenwart der Vergangenheit*, werden Städtebau und Architektur als gesellschaftlich relevante Themen wiederentdeckt – mit der Erkenntnis, dass es dafür einen internationalen Austausch braucht. Der damalige Hamburger Oberbaudirektor Egbert Kossak versucht diesen Schub für die Hansestadt zu nutzen und hebt ein Bauforum aus der Taufe – zunächst als einen zweitägigen Kongress für 200 Fachleute in der Baubehörde an der Stadthausbrücke im September 1984 mit dem Thema Bezahlbarer Wohnungsbau.

Dokumentation des 2. Hamburger Bauforums 1985: *Stadt am Hafen*

Documentation 2nd Hamburg Bauforum 1985: *Stadt am Hafen* (City and Port)

Mit dem 2. Bauforum 1985 beginnt der Siegeszug dieses Formats. Die Dokumentation ist heute Kult und vergriffen. Sie wirkt wie ein Poesiealbum der damaligen Architekturszene, lokal und international. 30 Teams bestehend aus 120 Architektinnen und Architekten sowie Planerinnen und Planern, vom internationalen Architekturstar Zaha Hadid bis hin zu Local Heroes, Studierenden und Absolventinnen und Absolventen. Ganz Hamburg hat die Möglichkeit zu schauen, mitzudiskutieren und mitzufeiern – an einem Ort, der typischer für die Hamburger Waterkant nicht sein kann, der Altonaer Fischauktionshalle. Inhaltlich stellt sich das Bauforum dem großen Thema der Transformation von der Hafenstadt zu einer Stadt mit Hafen. Die Stadt soll von der Alster wieder an die Elbe zurückkehren. Es fällt der ideelle Startschuss zu einem wichtigen Stadtentwicklungsprojekt der 1990er Jahre: einem mischgenutzten Stadtquartier mit zahlreichen Neubauten – die Perlenkette am Nordufer der Norderelbe.

Dokumentation des 5. Bauforums 1993:
Stadtvisionen

Documentation 5th Bauforum 1993:
Stadtvisionen (City Visions)

Das 3. Bauforum (1987) wird von der Hamburger Öffentlichkeit zwar wenig beachtet, Manfred Sack, der Architekturkritiker der *ZEIT*, hält es dagegen für das wichtigste bis dahin, weil auch in einer postindustriellen Phase eine Metropole Industriearbeitsplätze braucht. Deswegen widmet sich dieses Bauforum der Frage, wie Gestaltung und Städtebau den Industrie- und Gewerbebau verbessern können. „Baukultur statt Schuhschachtel-Architektur", schreibt Manfred Sack dazu.

Im Jahr der Öffnung der innerdeutschen Grenze heißt auf dem 4. Bauforum das Thema HafenCity. Das Areal im Freihafen ist damals noch *off limits*. Es wird die „Stunde der Kreativen" (*Hamburger Morgenpost*). Heute ist die HafenCity zu zwei Dritteln realisiert und eines der größten Entwicklungsprojekte Europas.

In der 5. Ausgabe 1993 spiegelt das Stadtentwicklungsforum die Notwendigkeit wider, weniger architektonisch, sondern mehr städtebaulich zu denken. Dieser Workshop widmet sich mit dem Titel „Stadtvisionen" am Beispiel der Hamburger Stadtteile Hammerbrook, Hamm-Süd und Rothenburgsort den innerstädtischen Verflechtungen von Wohnen und Arbeiten, Architektur und Natur. Viele der Grundideen finden sich im Konzept „Stromaufwärts an Elbe und Bille" wieder – mit dem Ausbau als Wohnstandort in bisher gewerblich dominierten Arealen.

Dem „Zurück an die Elbe" folgt der Sprung über Norder- und Süderelbe (6. Bauforum 2003). Damit will Hamburg die südlich der Elbe gelegenen Stadtteile besser integrieren und hat dabei vor allem die vernachlässigte, aber größte Flussinsel Europas im Visier: Wilhelmsburg. Die Entwürfe sind poetisch und visionär geprägt – heißen „Archipel Gold", „Brückenschlag", „Inseln der Phantasie", „Stadtland" oder „Wilhelmsburg Parkinsel".

Seit dem letzten Bauforum sind eineinhalb Jahrzehnte vergangen, inzwischen entwickelt sich diese Stadt in alle Richtungen weiter. Es ist Zeit, über jene Achsen nachzudenken, die ein gesamtstädtisches Wachstum nach Maß fördern können: die Magistralen.

SUMMARY

At the 1980 Venice Architecture Biennale, entitled *The Presence of the Past*, urban development and architecture were rediscovered as socially relevant topics, and the need for an international exchange of ideas on the subject was recognised. Hamburg's then Oberbaudirektor, Egbert Kossak, sought to harness this thrust for the city and launched the Bauforum – initially as a two-day congress for 200 specialists at Stadthausbrücke in September 1984. The topic was the development of affordable housing.

The 2nd Bauforum in 1985 marked the beginning of the triumphant progress of this format. The documentation is like an autograph album of the architecture scene of the time, both local and international, with 30 teams of 120 architects and planners ranging from international architecture luminaries such as Zaha Hadid to local heroes, students and graduates. Hamburg residents had an opportunity to observe and to join in the discussions and the celebrations, in a location that could not be more typical of waterside Hamburg, the Altona Fish Market. As regards content, the Bauforum addressed the major topic of transforming the port city into a city with a port. The aim was for the city to return from the Alster to the Elbe. It was the intellectual starting point for the string of pearls on the north bank of the Elbe's northern arm.

The 3rd Bauforum (1987) discussed the need for jobs in industry, even in a post-industrial phase metropolis. For that reason, it turned its attention to the question of how design and urban planning might be used to improve industrial and commercial building. "The built environment instead of shoebox architecture," was how architectural critic Manfred Sack put it.

In the year the Berlin Wall fell, the topic of the 4th Bauforum was HafenCity. The site in the free port was still off-limits at the time. It was to be the "hour of the creatives" (*Hamburger Morgenpost*). Today, HafenCity is two-thirds completed and is one of the largest development projects in Europe.

In its 5th iteration in 1993, the Urban Development Forum reflected the necessity of thinking less in terms of architecture than of urban development. Entitled "Stadtvisionen" (City Visions), the workshop addressed the inner-city interconnections of living and working and of architecture and nature, taking the Hamburg neighbourhoods of Hammerbrook, Hamm-Süd and Rothenburgsort as examples. Many of the basic ideas can be rediscovered in the concept "Stromaufwärts an Elbe und Bille" (Upstream by the Elbe and Bille).

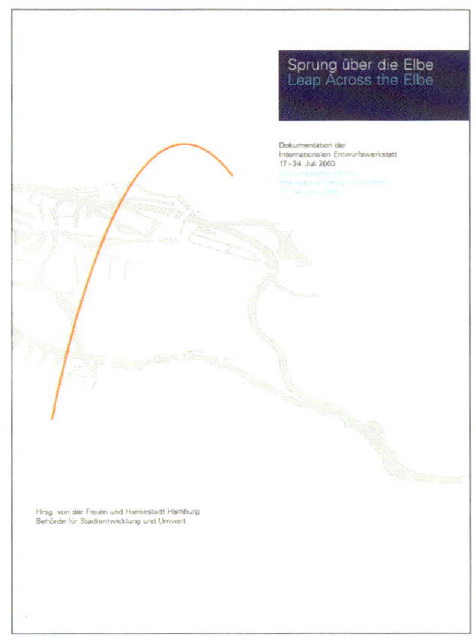

Dokumentation des 6. Bauforums 2003:
Sprung über die Elbe

Documentation of the 6th Bauforum 2003:
Sprung über die Elbe (Leap across the Elbe)

This return to the Elbe was followed by leaps over the north and south Elbe arms (during the 6th Bauforum in 2003). In doing so, Hamburg seeks a better integration of the districts south of the Elbe, with the city's sights set primarily on the neglected but largest river island in Europe: Wilhelmsburg. The designs are poetic and visionary, with names like "Archipelago Gold", "Bridge Building", "Islands of Imagination", "Cityland" or "Wilhelmsburg Park Island".

A decade and a half have gone by since the last Bauforum, and the city is now developing in all directions. It is time to think about those axes that could encourage tailor-made citywide growth: the Magistralen (arterial corridors).

REISE DURCH DAS LAND DER MAGISTRALEN

A JOURNEY THROUGH MAGISTRALENLAND

Oberbaudirektor Franz-Josef Höing und Dirk Meyhöfer drehen im Frühjahr 2020 eine große Runde durch das Magistralenland – von den Deichtorhallen zum Eimsbütteler Marktplatz. Ein Rückblick auf das 7. Hamburger Bauforum – *on the road!* Aufgeschrieben von Dirk Meyhöfer

In spring 2020, Hamburg's Chief Planning Officer Franz-Josef Höing and author Dirk Meyhöfer embarked on a tour through the land of the Magistralen – from the Deichtorhallen to Eimsbütteler Marktplatz. A look back at the 7th Hamburger Bauforum – on the road! Recorded by Dirk Meyhöfer

Anckelmannsplatz und Nordkanalstraße, in Richtung Innenstadt

Anckelmannsplatz and Nordkanalstraße, towards the city centre

Die Stadtreise beginnt an den Deichtorhallen. Hier fand das Bauforum im August 2019 statt, und das *Spiegel*-Verlagshaus im Hintergrund wirkt wie ein überdimensionales modernes Stadttor. Was bedeuten Magistralen für die Entwicklung der Metropole Hamburg? Franz-Josef Höing (FJH): Sie sind eine Jahrhundertaufgabe für die Hamburger Binnenentwicklung – in der City und an der Peripherie. Die Schwerpunkte liegen aber in der Äußeren Stadt; dort, bei den etwas „anderen Orten", über die wir lange nicht gesprochen haben.

Dorthin fahren wir – vom ehemaligen Tagungsort aus nach Osten zum Berliner Tor; hier drängt die Magistrale 4 nach Wandsbek und die Magistrale 5 in Richtung Bergedorf. FJH: Ein sehr gemischtes Stück Stadt; immer noch ein Torso, mit prächtigen Versatzstücken wie dem gründerzeitlichen Museum für Kunst und Gewerbe, dem majestätischen Besenbinderhof, der Verkehrsinfrastruktur oder dem markanten ZOB; dann das kleinteilige St. Georg, das alte Polizeihochhaus, als wäre es ein Stück von Le Corbusier mit seinen glasmodernen Zubauten. Für mich ist hier noch kein gestalteter städtischer Raum vorhanden. Es dominiert der Individualverkehr, immer mit vielen Abbiegespuren – ein Stückweit Unwirtlichkeit: Dieser Straßen- und Stadtraum ist nicht wirklich ein städtischer Aufenthaltsraum. Wir müssen daran arbeiten!

Das Berliner Tor. Autos, Stadtradstation, S- und U-Bahn-Haltestelle. „Park & Ride"-Parkplätze. Seitlich angebunden liegen der HAW-Campus, Schumachers zentrale Feuerwache und der Lohmühlengrünzug, Teil der geplanten durchgehenden Verbindung für Fußgängerinnen und Fußgänger und den Radverkehr zwischen Alster und Elbe, die hier die Magistrale kreuzt. Eine dichte Packung – der Prototyp eines neuartigen innerstädtischen Hubs? FJH: Das sind Orte, die wir auf dem Bauforum entdeckt, vielleicht auch wachgeküsst haben. Vordergründig scheinen sie vergleichbar mit einer abgewohnten Wohnung. Aber mit einer Pinselsanierung wird man nicht viel erreichen. Wir müssen (nicht nur) am Berliner Tor darüber nachdenken, einen anderen städtebaulichen Maßstab einzuführen und einen höheren architektonischen Anspruch zu entwickeln.

Es sind Orte für eine integrierte Zukunftsentwicklung, Fälle mit buchstäblich neuen Perspektiven, mit vielen unterschiedlichen Beteiligten bei den Behörden, bei der Hochbahn, der Deutschen Bahn, den Investoren und der Zivilgesellschaft … FJH: Wir reden jetzt öfter mit Entwicklerinnen und Entwicklern über Orte an den Magistralen, die wir bisher ob ihrer Banalität übersehen haben. Sie denken über neue Möglichkeiten von Gewerbe in der Inneren Stadt nach und über sogenannte Lowtech-Architektur. Da geht uns Planerinnen und Planern das Herz auf, wenn man Bauten nicht mehr hochrüsten, sondern abrüsten will. Es wachsen neue Ideen heran für diese Orte, die wir lange einfach rechts und links haben liegen lassen – und die wir nun brauchen, wenn die Stadt weiterhin wächst und dem Prinzip der Innenentwicklung folgen will.

Ein heterogener, teilweise charmanter Vorstadtmix: Schulen, Autohäuser und Tankstellen im Wechsel mit Wohnhauszeilen aus den 1950ern, dazwischen architektonische Highlights wie der gläserne Berliner Bogen … FJH: Das ist eben die Stärke der

Wohnen im Hinterland der Magistralen: das fertiggestellte Pergolenviertel in Winterhude

Living in the hinterland of the Magistralen: Pergolenviertel at its completion (Winterhude)

Magistralen: Zufällig vereinen sich hier ganz verschiedene Maßstäbe auf kurzer Strecke, da wechseln Höhen und Versprünge – es ist keine Gesetzmäßigkeit zu entdecken. Das ist spannend, aber es zeigt auch, dass man solchen Straßenräumen nicht so viel Aufmerksamkeit geschenkt hat, wie das in zentralen Lagen an Alster und Elbe üblich wäre. Die Magistralen sind nie als Ganzes gedacht worden, eine gestalterische Handschrift ist nicht erkennbar.

Vorn auf der Eiffestraße brandet der Verkehr über die vielspurige Magistrale und hinten stehen alte Gewerbebauten hart an der Wasserkante, mit Schiffen, Booten und sehr viel Entwicklungspotenzial … FJH: Man muss in die zweite Reihe, denn auf der Magistrale fahren wir und fahren wir, rümpfen die Nase … Und dann biegen wir ab, und hier sind wir jetzt in einer spektakulären Lage, mit von hohen Bäumen umgebenen Parallelstraßen wie der Wendenstraße oder mit idyllischen Wasserlagen wie am Mittelkanal. Das hat Potenzial für einen neuen Mix aus Wohnen und Gewerbe, es ist eine gesamtstädtische Reserve. Aber Hamburg muss aufpassen, sich dabei nicht nur die Rosinen herauszupicken und Luxuslagen zu konstruieren. Wir müssen diese Lagen gesamtheitlich entwickeln!

Weiterfahrt auf der Magistrale 5 nach Osten: Die begleitende Bebauung reißt ab. Überraschung bringt der abrupte Wechsel von Stadt zu Land … Die B 5 ist jetzt Autobahnzubringer und Schnellstraße und „anbaufrei". Ausfahrt auf den Ring 2 (Magistrale 7) in Richtung Wandsbek, über Billstedt, Hamm und Horn. Am Wandsbeker Markt sagt FJH: Eine zentrale Aufgabe für uns Planerinnen und Planer ist es, in einem Gesamtkonzept die Hubs, die Umsteigepunkte zwischen den Verkehrsarten, richtig zu positionieren. Welches Potenzial haben sie in Zukunft; wo liegen sie? Nicht jede Schnellbahnstation wird automatisch zum Hub. Es wird darauf ankommen, den Verkehr, der aus dem Umland und von den Autobahnen kommt, möglichst früh abzufangen, etwa in Stellingen an der A 7. Dort, wo es irgendwie möglich ist, werden Straßen und Spuren zurückgebaut und wieder dem öffentlichen (Aufenthalts-)Raum zugeschlagen.

Der Wandsbeker Marktplatz ist heute schon ein großer Umsteigepunkt, von der U-Bahn auf den Bus. Von hier aus kommt man auch durch das Wandsetal mit dem Rad in die Stadt. Eine der Gruppen hat vorgeschlagen, den Busbahnhof zum „Stadtteilwohnzimmer" umzuwidmen. Zurecht: Denn ganz nahe liegen ruhige und grüne Wohnstandorte … FJH: Diese Atmosphäre bildet sich hier im öffentlichen Raum noch nicht ab, es gibt zum Beispiel keine größeren Bürgersteige mit Freiterrassen. Die vorhandene Stadt muss sich wieder in den öffentlichen Raum hineinentwickeln. Der gesamte öffentliche Bereich hier zerfällt in verschiedene Lagen. Da stört eine vierspurige Straße heftig, die Kirche ist durch den Ring 2 abgetrennt usw. Man sollte dem Verkehr deutlich machen: Du bekommst nur eine Seite des Platzes und die andere wird den Fußgängerinnen und Fußgängern und dem Fahrradverkehr zurückgegeben. Es gibt Lagen, so wie hier, die nicht so bleiben können. Da müssen wir mutig ran!

Hamburgs Oberbaudirektor Franz-Josef Höing

Hamburg's Chief Planning Officer Franz-Josef Höing

„Es gibt so einige Orte, die wir im Zuge des Bauforums entdeckt, vielleicht auch wachgeküsst haben."

"There are a few places that we discovered in the course of the Bauforum, or perhaps even woke from their slumbers."

Die Fahrt geht weiter auf dem Ring 2 und dann ins neue Pergolenviertel – ein Modell für das zukünftige Wohnen in der Stadt? FJH: Unser Job ist es, ein großes Spektrum an Wohnqualitäten anzubieten. An dieser Stelle zwischen der City Nord, den Bahngleisen und dem Stadtpark stellt sich die Frage: Welchen Maßstab etablieren wir hier und wie viel Mut haben wir bei der Verdichtung? Wir erinnern an die Tradition aus der Schumacher'schen Zwischenkriegszeit – an die großen Blöcke in Barmbek-Nord mit ihren lichten Höfen und Durchwegungen und einer vernünftigen Vernetzung von öffentlichen, halb öffentlichen und privaten Zonen. Wir sind sehr handwerklich was die Fassaden betrifft, und es gibt ordentliche Grundrisse und einen Sozialwohnungsanteil von 50 Prozent. Hier kann man das kleine Einmaleins des Wohnungsbaus ablesen!

In Nachbarschaft zum Pergolenviertel liegt der östliche Teil der Geschäftsstadt City Nord. Auch hier rege Entwicklung: Neue Bürohäuser, Hotels und dergleichen sind im Bau. FJH auf der Fußgängerbrücke in die City Nord: Die City Nord ist interessant, weil es eine Nähe zum Flughafen gibt, Platz für gute und große Architekturprojekte vorhanden ist und man 20.000 Quadratmeter am Stück anbieten kann – hier kann man noch große Solitärbauten verwirklichen. Die früher fast autarke City Nord wird so zu einem empathischen Baustein des Stadtteils Winterhude aufgewertet. Eine großartige Idee ist auf dem Bauforum entstanden: Ohne großen Umbau könnte der unter uns liegende Ring 2 sporadisch und später ganz umgeleitet werden. Der Grünraum der City Nord öffnet sich dann ins Grün des Stadtparks.

Die Strecke führt von der City Nord über den Ring 2 und die Magistrale 3 nach Stellingen zu einem Projekt am Sportplatzring. FJH: Noch ist das eine weitgehend abgeräumte Fläche, aber es werden hier auf ehemaligen Sportflächen und Schulerweiterungsarealen rund 700 Wohnungen entstehen, deren DNA ähnlich sein wird wie jene des Pergolenviertels: drei- bis fünfgeschossig, in Zeilen oder um Wohnhöfe herum. Die Hälfte der Wohnungen ist öffentlich gefördert. Hier bestimmen nicht kreative Architektinnen und Architekten allein die Richtlinien. Die Chefplanerin heißt Lärmbekämpfung.

Vom Sportplatzring geht es über die Kieler Straße zum Eimsbütteler Markt (Magistrale 2) mit dem passenden Finale dieser „Vorstadtoperette". Noch einmal ein Potpourri der Nutzungen, Stile und Verdichtungen. FJH: Die Kieler Straße ist (von außen gesehen) ein wichtiger Einstieg in die Stadt, also man muss diesen Verkehr hier domestizieren, umschichten, andere Verkehre zulassen: Gibt es da etwa mal eine Bikelane als Fahrradzubringerin in die Stadt? Auch hier wird wieder deutlich: Es ist wichtig, nicht nur die erste Reihe im Blick zu haben, sondern auch die zweite und dritte.

Fokus Wandsbeker Marktplatz

Focus Wandsbeker Marktplatz

Das Schlusswort spricht Franz-Josef Höing auf einer heftig umbrandeten Verkehrsinsel am Eimsbütteler Markt: Drei Dinge brauchen wir für die Magistralen: Fantasie, handwerkliche Kompetenz und Zeit. In der Ruhe und Geduld bei der Suche nach dem jeweils richtigen Zeitfenster zum Handeln liegt die treibende Kraft für diesen Generationenplan.

„Drei Dinge brauchen wir für die Magistralen: Fantasie, handwerkliche Kompetenz und Zeit."

"We need three things for the Magistralen: imagination, skilled craftsmanship and time."

SUMMARY

Franz-Josef Höing (FJH): The Magistralen are the task of the century for Hamburg's inner development – both in the centre and on the periphery. However, the focus is on the outer parts of the city: those "other places" that we have for so long left out of the conversation.

FJH on Berliner Tor: These are places that we discovered in the Bauforum,or perhaps even woke from their slumbers. Superficially, one might compare the situation to a shabby flat, but a fresh coat of paint isn't going to get us very far. At Berliner Tor and in certain other areas, we need to think about introducing a different scale of urban development and fostering raised architectural aspirations. New ideas are developing for these places that we have ignored for so long – places that we now need if the city is going to carry on growing and stick to the principle of inner urban growth.

FJH on the strengths and weaknesses of the Magistralen: Frequently, wholly different scales are combined within this area over a short distance; building heights vary and facades project or are set back – there's no regularity to be found. This, however, shows that not as much attention has been paid to such roadside environments as would usually be the case in central locations by the Alster and the Elbe. The Magistralen have never been thought through as a whole. There's no recognisable creative signature.

FJH on second-tier development: We drive and drive along the Magistrale and turn up our noses... But then, if we turn off, we find ourselves in a spectacular setting, in Wendenstraße, which is lined with tall trees, or in idyllic waterside locations on the Mittelkanal. It has potential for a new mix of residential and commercial; it's a city-wide reserve. However, here in Hamburg, we need to be careful that we don't just cherrypick and construct luxury locations. We have to develop these areas as a whole.

Positioning new hubs: A central urban planning task on the way to an overall concept is where you position the hubs, the interchanges between modes of transport. What potential will they have for the future? Where are they? Not every rapid train station will automatically become a hub. It will be a matter of catching the traffic coming in from the surrounding area and from the motorways as early as possible, for instance in Stellingen by the A 7. Wherever possible, roads and lanes will be closed and reclaimed for public (amenity) space.

FJH on the Wandsbeker Marktplatz and its new connections to the residential neighbourhood: There's no reflection of this yet in the public space here; for example, there aren't any broader pavements with open terraces. The existing city needs to grow back into this public realm. The whole public space here is sliced into different pieces. The four-lane road is hugely disruptive, and the church is cut off by the ring road. We need to make it clear to motorised traffic: you can have one side of the square, but the other side is going to be given back to pedestrians and cyclists.

On future living in the city – the example of Pergolenviertel: Our job is to offer a wide spectrum of living quality. Here, between City Nord, the railway tracks and the Stadtpark, the question is this: what scale do we want to establish, and how bold do we want to be with densification? This recalls the tradition of the interwar years under Schumacher – with light-filled courtyards, passageways and a sensible interconnection of public, semi-public and private zones. The facades are crafted well, the layouts are reasonably proportioned and there is a social housing component of 50 per cent. You can see the ABC of housebuilding put into practice here!

City Nord and Stadtpark: City Nord is interesting again because it is close to the airport and offers space for good, major architectural projects, and you can offer 20,000 square metres in one piece – here, you can still realise large free-standing buildings. A splendid idea emerged from the Bauforum: Without the need for major alterations, Ring 2 below us could be rerouted sporadically, and later permanently: City Nord's green space would then open out into the green of the Stadtpark.

Kieler Straße (Magistrale 2) as a test case: Kieler Straße is (seen from outside) an import entry into the city, and so here we have to domesticate this traffic, restructure it and allow other modes of transport: Might there be a cycle lane here as a cycle feeder into the city? It's also vital we don't have our eye just on the first tier! We need to keep the second and third tiers in view.

Closing remarks at Eimsbütteler Markt: We need three things for the Magistralen: imagination, skilled craftsmanship and time: Just because public attention has now shifted to the façades as a result of the Bauforum, we mustn't become hectic. Calm and patience will be the driving forces behind this generational plan.

Franz-Josef Höing und Dirk Meyhöfer am Ende der Reise auf einer Verkehrsinsel am Eimsbütteler Markt

Franz-Josef Höing and Dirk Meyhöfer at the end of the road: on a traffic island at Eimsbütteler Markt

Gerechte Auslastung der Magistrale: S-Bahn, Fahrrad, Fußgänger und Auto

Fair utilisation of the Magistrale: rapid transit line, bicycle, pedestrian and car

Typisch: Backsteinwohnhäuser der Nachkriegszeit

Typical: brick houses from the post-war period

Typisch: norddeutsches Baukulturgut

Typical: North German architectural heritage

Typisch: Stadthäuser aus der Gründerzeit

Typical: townhouses from the Wilhelminian era

Typisch: hochverdichtete Magistralen in City-Nähe

Typical: dense development fringing the Magistralen close to the city centre

Typisch: Mietzinshäuser aus der Gründerzeit

Typical: tenement buildings from the Wilhelminian era

Typisch: Bahntrassen kreuzen Magistralen

Typical: railway lines crossing the Magistralen

Typisch: Magistrale im Park

Typical: Magistrale in the park

WERKSTATT
WORKSHOP

02

Von-Sauer-Straße

MAGISTRALE 1

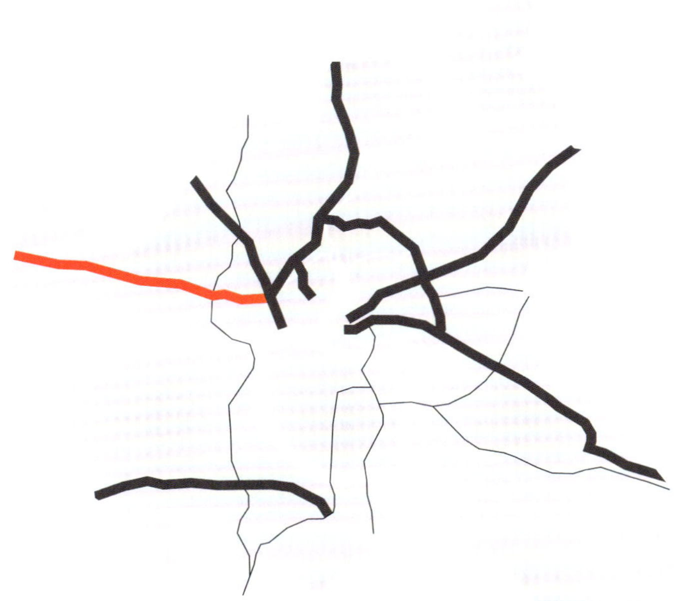

GO WEST

STRESEMANNSTRASSE – WEDELER LANDSTRASSE, 14,3 KM

Der Weg vom Zentrum in den Westen ist eine große Inszenierung einer Hamburg-Holstein-Reise durch die Geschichte. Die Magistrale 1 verläuft vom urbanen Stadtteil Altona hinaus zu den ländlich-mondänen Elbvororten. Sie verbindet und tangiert sehr unterschiedliche Quartiere: alte Dorfkerne, Wohnquartiere des 20. Jahrhunderts, Gewerbegebiete, Landschaftsräume und viele der aktuellen Stadtentwicklungsprojekte Hamburgs wie die „Mitte Altona", den geplanten Fern- und Regionalbahnhof Hamburg-Altona mit seinem neu zu gestaltenden Umfeld sowie den Hamburger Autobahndeckel über die A 7 und die „Science City Hamburg Bahrenfeld". „Respekt vor den historischen Strukturen und dem Landschaftsraum" lautet hier die zentrale Forderung. Die Bezüge zur Landschaft sind zwar auf schmale Korridore im Fluss der großen Straße geschrumpft, aber sie sollen wieder als Taktgeber in die und aus der Stadt sichtbar gemacht werden.

The route westwards from the city centre is a grand staging of a Hamburg-Holstein journey through history. Magistrale 1 runs from the urban district of Altona out to the rural and glamorous Elbe suburbs. It connects and touches very different areas: old village centres, 20th century residential neighbourhoods, industrial estates, landscape areas and many of Hamburg's current urban development projects – such as "Mitte Altona", and the planned Altona long-distance and regional railway station with its surroundings that are earmarked for redesign, as well as the cover being built over the A 7 motorway and the "Science City Hamburg Bahrenfeld". Respect for the historical structures and the landscape is the central tenet here. Although the elements that reference the landscape have shrunk to narrow corridors along the course of this major thoroughfare, the aim is to make them visible again as waymarks along the journey into and out of the city.

Grüne Quervernetzungen
der Magistrale ausbauen!

Expanding the Magistrale's
green cross-connections!

Magistralen verbinden und
bieten Nutzungsvielfalt.

Magistralen link and
provide diversity of use.

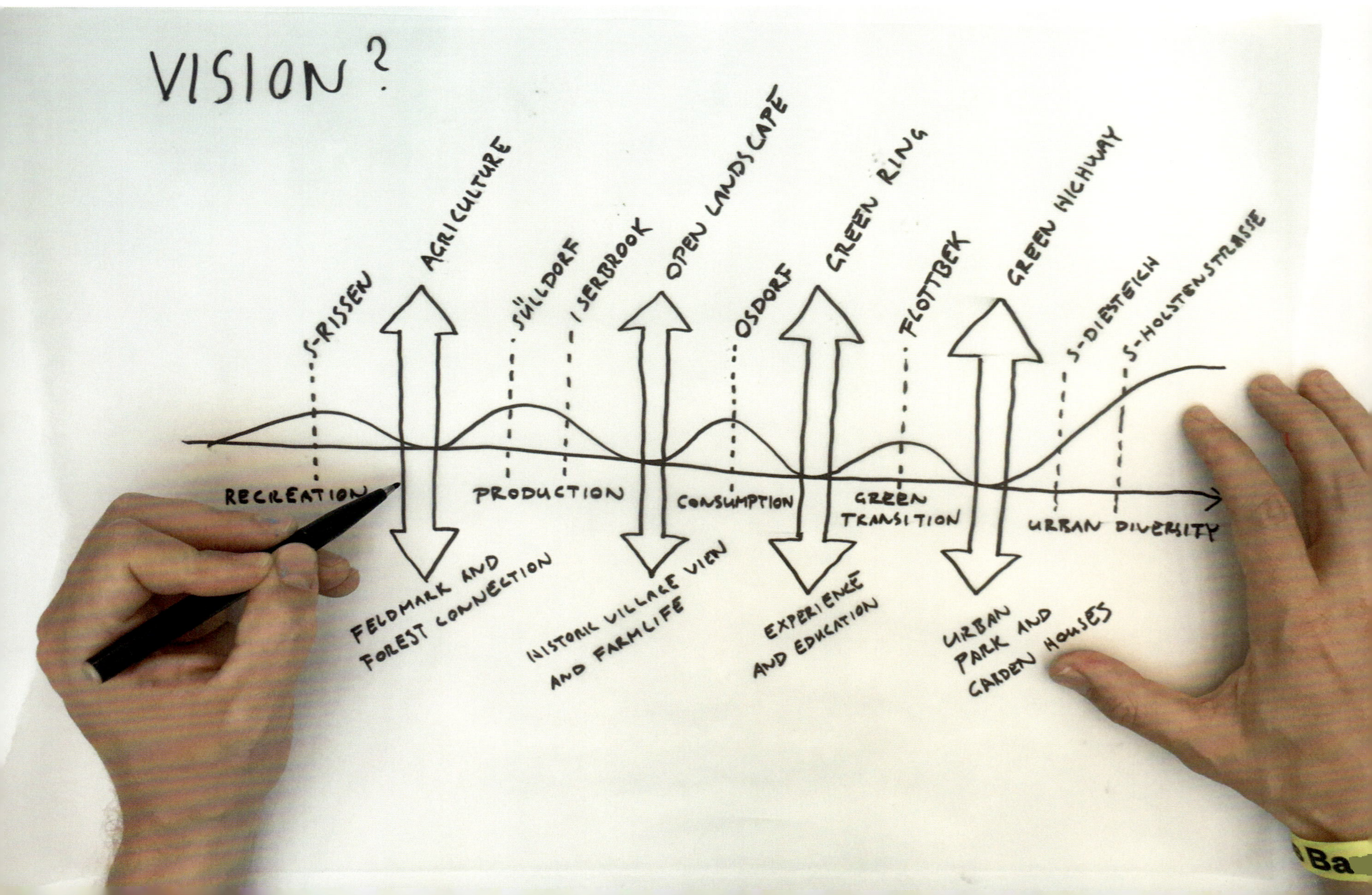

TEAM 1A – WILDER WILDER WESTEN. Die Vorherrschaft des Autos brechen und die Magistrale über grüne Korridore mit der Landschaft vernetzen.

TEAM 1A – WILD WILD WEST. Breaking the dominance of cars and linking the Magistrale with the landscape via green corridors.

ADEPT (DK); Const*ellations (D); Kontor Freiraumplanung (D); LH Architekten (D); orange edge (D); ROBERTNEUN (D); HafenCity Universität Hamburg; Hochschule für Musik und Theater Hamburg; Bezirksamt Altona. Nils Buschmann, Sabine Diegritz, Tom Friedrich, Aylin Güney, Heike Hillebrand, Tanja Jauernig, Mathias Josefson, Martin Laursen, Philip Röttger, Henrik Sander, Mario Schack, Thomas Tradowsky, Renée Tribble, Marco Tschubel

Takt, Maßstab und Bilder ehemaliger Dorf- und Vorstadtwelten, wie sie eine alte Landstraße hervorgebracht hat, können revitalisiert werden. Das heißt: die charakterstarken Siedlungskerne pflegen und verdichten sowie die grünen Korridore dazwischen wahrnehmbar machen. Das Team 1A definiert dafür differenzierte Abschnitte mit jeweils eigener Programmatik – wie „Magistrale im Grünen", „Produktive Magistrale", „Kommerzielle Magistrale", „Magistrale unter grünem Dach", „Urbane Magistrale" – und will diese stärken. Die Lebensqualitäten einer Magistrale liegen in ihrem Umfeld. Der Umstieg vom Auto auf umweltfreundliche Fortbewegung muss so einfach und komfortabel wie möglich sein.

The rhythm, scale and images of former village and suburban environments, such as those that created an old country road, can be revitalised. This entails maintaining and densifying the distinctive centres of settlements and making green corridors between them apparent. Team 1A defines distinctive sections, each with its own programme – such as "Green Magistrale", "Productive Magistrale", "Commercial Magistrale", "Magistrale under a Green Roof", "Urban Magistrale" – and seeks to strengthen them. The quality of life of a Magistrale lies in its surroundings. The switch from cars to environmentally-friendly transport modes must be as simple and comfortable as possible.

Martin Laursen, ADEPT (Copenhagen, DK)

1. **The Bauforum** is an exceptional opportunity – one with a proven history – to co-create the city of tomorrow: to develop new ideas for the evolution of the city, freely and in a visionary way with a wide group of experts (local, national, and international).

2. **I was inspired** to truly believe in the importance of visionary thinking, and the importance of shared ownership and common respect. This tool is very useful, and has the potential to generate innovation and value in many cities all over the world. We go furthest when we go together!

3. **In my team's approach**, we found common ground within our group of people of numerous backgrounds, and I advocated for a focus on the city as a polycentric structure, in which – even given the continuous and sometimes incontrollable growth – we endeavoured to highlight the Magistrale as a connector of the magnificent identities of the historic villages and the authentic atmospheres generated through the city's people and functions, over centuries.

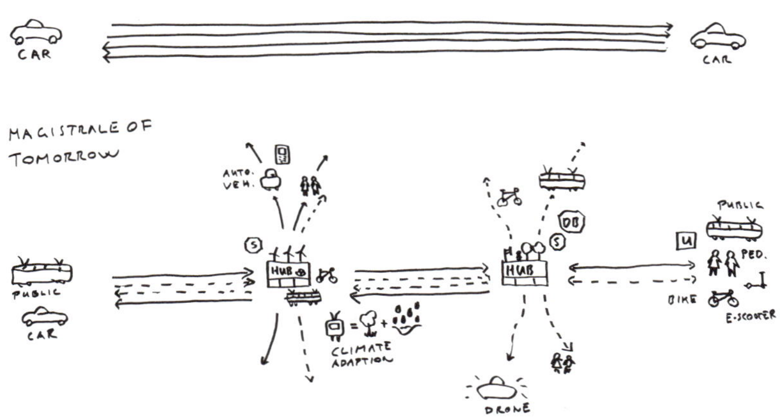

Oben: Eine Rennstrecke verwandelt sich zum „bunten" Stadtparcours.
Walkability ist der Schlüssel – mit neuen attraktiven Aufenthaltsräumen.
Unten: Über neue Stadtteil-Mobilitäts-Hubs wird der Umstieg vom Auto auf Bahn, Rad, E-Scooter und umweltfreundliche Verkehrsmittel der Zukunft organisiert.

Above: A commuter racetrack is being transformed into a "colourful" city trail.
Walkability is the key – with new, attractive areas to spend time.
Below: The transfer from the car to rail, bike, e-scooter and environmentally friendly future modes of transport is being organised through new neighbourhood mobility hubs.

IGES
ENTER
ISTRALE
WERBE
BOXES
DOPPELTES
GRÜN
IM STRASSENRAUM
ZENTRALES BAUMDACH
MAGISTRALE
UNTER GRÜNEM DACH
WOCHENMARKT
versorge Dich lokal
FUSSLÄUFIG
PITTORESQUE
ALLEEAR
GRÜNE IN
SUPER DENS
URBANE MAG
EINKAUFEN WOHN
SPORT FREIZEIT
hier findest Du alles w
WALKABILIT
Du kannst h
entspa
laufe

TEAM 1B – MULTISTRALE. Das neue Motto für Hamburgs Ein- und Ausfallstraßen heißt: *Celebrate the everyday*! Die bisher vom Verkehr dominierten Alltagsräume sollen durch attraktive Nutzungsergänzungen aufgewertet werden.

David Kohn Architects (GB); FUSI & AMMANN ARCHITEKTEN (D); MRLV Architekten (D); orange edge (D); URBAN CATALYST (D); HafenCity Universität Hamburg; Behörde für Stadtentwicklung und Wohnen. Stefanie Ammann Fusi, Stefanie Anna Bremer, Paolo Burattini, Julia Cramer, Paolo Fusi, Max Glaser, Lukas Halemba, Saida Kiyamova, Arend Kölsch, Bernd Lubitz, Mirjana Markovic, Klaus Overmeyer, Mateusz Rej, Daniel Ringeisen, Moritz Schneider, Matthew (Matt) Volsen, Manfred Voss

Mirjana Markovic,
MRLV Architekten (Hamburg, D)

1. **Das Bauforum** ist ein besonderes Erlebnis für mich, weil sich entlang von sieben Magistralen nicht nur die Ansätze für die Mobilitätswende ergaben, sondern auch der Blickwinkel auf die Stadtraumqualität entlang und im Umfeld der Magistralen gerichtet wurde.

2. **Mich hat inspiriert** und bestätigt, dass große Aufgaben der Stadtentwicklung zunächst unkonventionell und kooperativ angedacht werden sollen.

3. **Bei unserem Vorschlag** war mir besonders wichtig, dass er sich sowohl als ein Teil vom Gesamtstadtraum darstellt und den polyzentralen Charakter stärkt als auch die Vernetzung nach Süden und Norden durch aufgezeigte Entwicklungspotenziale begünstigt.

Die Strategie von Team 1B ist, die Magistrale als „Multistrale" mit starken Bezügen zu anderen Verkehrskorridoren, bestehenden und neuen Subzentren und Quartieren wie der geplanten „Science City" zu entwickeln, dabei die vorhandenen Grün- und Landschaftsstrukturen zu gliedern, zu inszenieren und alle Teilbereiche zu verbinden. Schwerpunkte sind „More Life in the West", beispielsweise ein Forschungscampus Gesundheit und Landwirtschaft, und „From Town Mall to Town Hall", eine Transformation für das Elbe-Einkaufszentrum, damit das Shoppingcenter auch zum sozialen und kulturellen Stadtteilziel wird. Anstatt großer verkehrsplanerischer Lösungen soll ein Mix an Maßnahmen umgesetzt werden, von Logistik-Hubs bis zu Fahrbahnen, die mit der Fließrichtung der Pendlerverkehre die Fahrtrichtung wechseln.

Team 1B's strategy is to develop the Magistrale as a "Multistrale" with strong links to other transport corridors and to existing and new sub-centres and neighbourhoods such as the planned "Science City", whilst at the same time structuring and orchestrating the existing green spaces and landscape and connecting all sub-areas. The focal points are as follows "More Life in the West", an exemplary research campus for health and agriculture. Then there is the transformation for the Elbe-Einkaufszentrum shopping centre: "From Town Mall to Town Hall" – which has the power to turn the shopping centre into a social and cultural destination for the area. A set of traffic measures, including logistic hubs and reversible lanes will help to reduce CO_2 emissions.

TEAM 1B – MULTISTRALE. The new motto of Hamburg's arterial routes is – Celebrate the everyday! The everyday spaces previously dominated by traffic are to be upgraded through attractive additional uses.

Jede Stadt, jeder Stadtteil ist wie ein Bühnenbild – zusammen mit den historischen Requisiten kann etwas großes Neues entstehen.

Every city and every neighbourhood is like a stage set – combined with the historical "props", something new can be generated.

Oben: Vorschlag für die passende Governance: Ein „Multistralen"-Management beim Bezirksamt Altona vernetzt alle Akteure und Aktionen an der großen Straße.
Unten: Die Kerne entlang der Magistrale werden thematisch und individuell gestärkt.

Above: Suggestion for appropriate governance – A "Multistrale" Manager at the Altona District Administration connects all the players and actions along the length of the major road.
Below: The core areas along the Magistrale will be strengthened both thematically and individually.

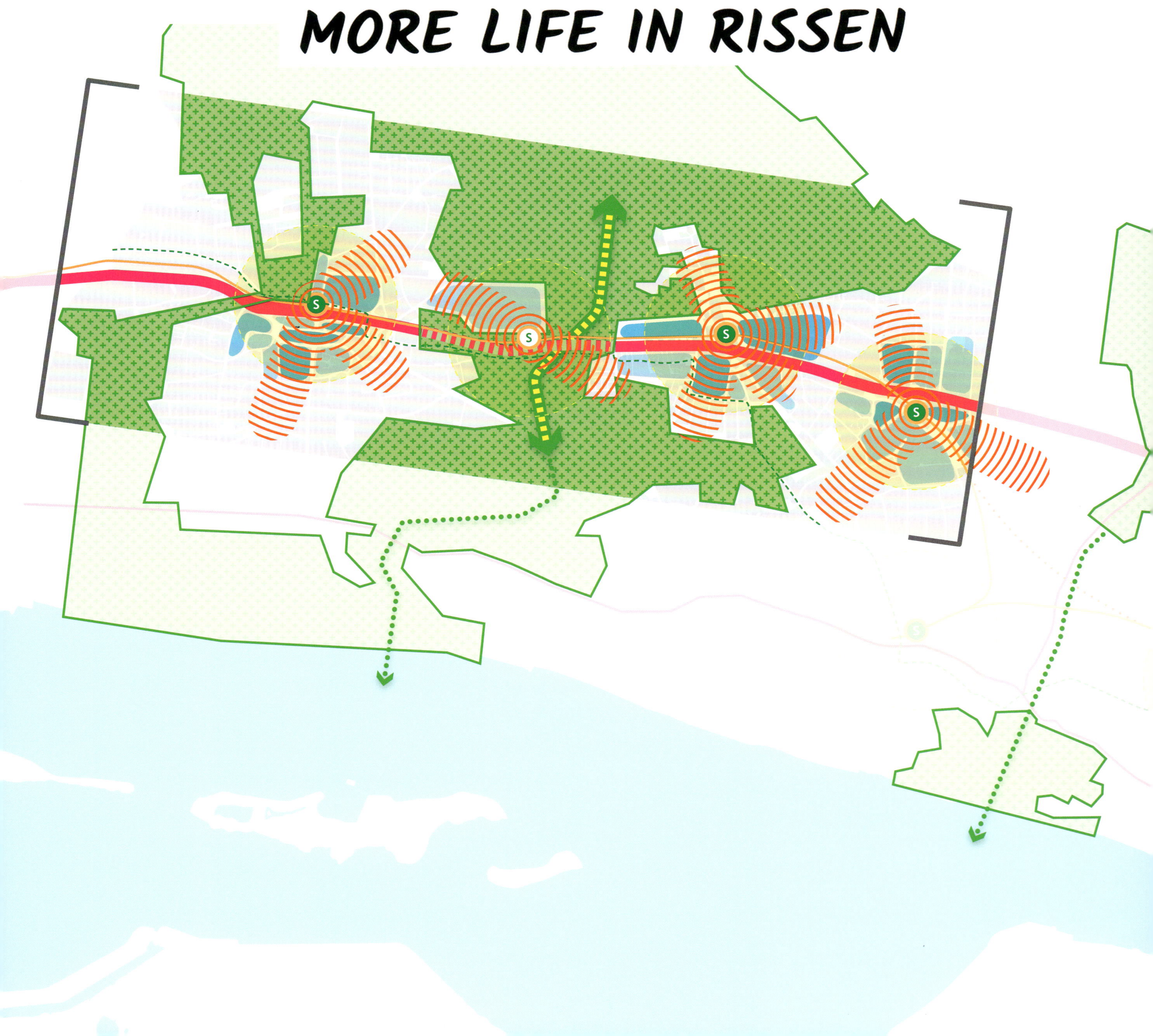

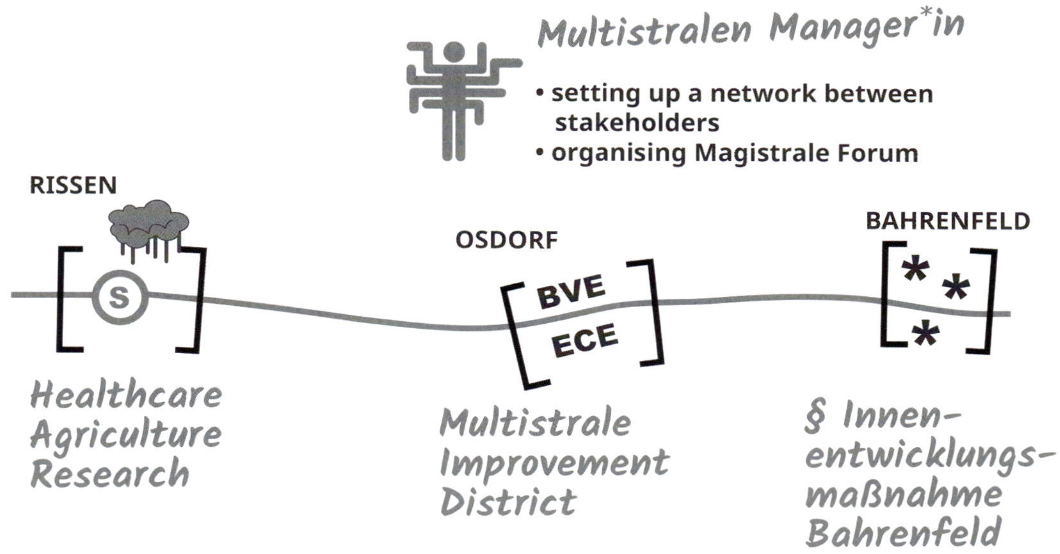
Multistralen Manager*in
• setting up a network between stakeholders
• organising Magistrale Forum
RISSEN
S
Healthcare Agriculture Research
OSDORF
BVE
ECE
Multistrale Improvement District
BAHRENFELD
§ Innen-entwicklungs-maßnahme Bahrenfeld

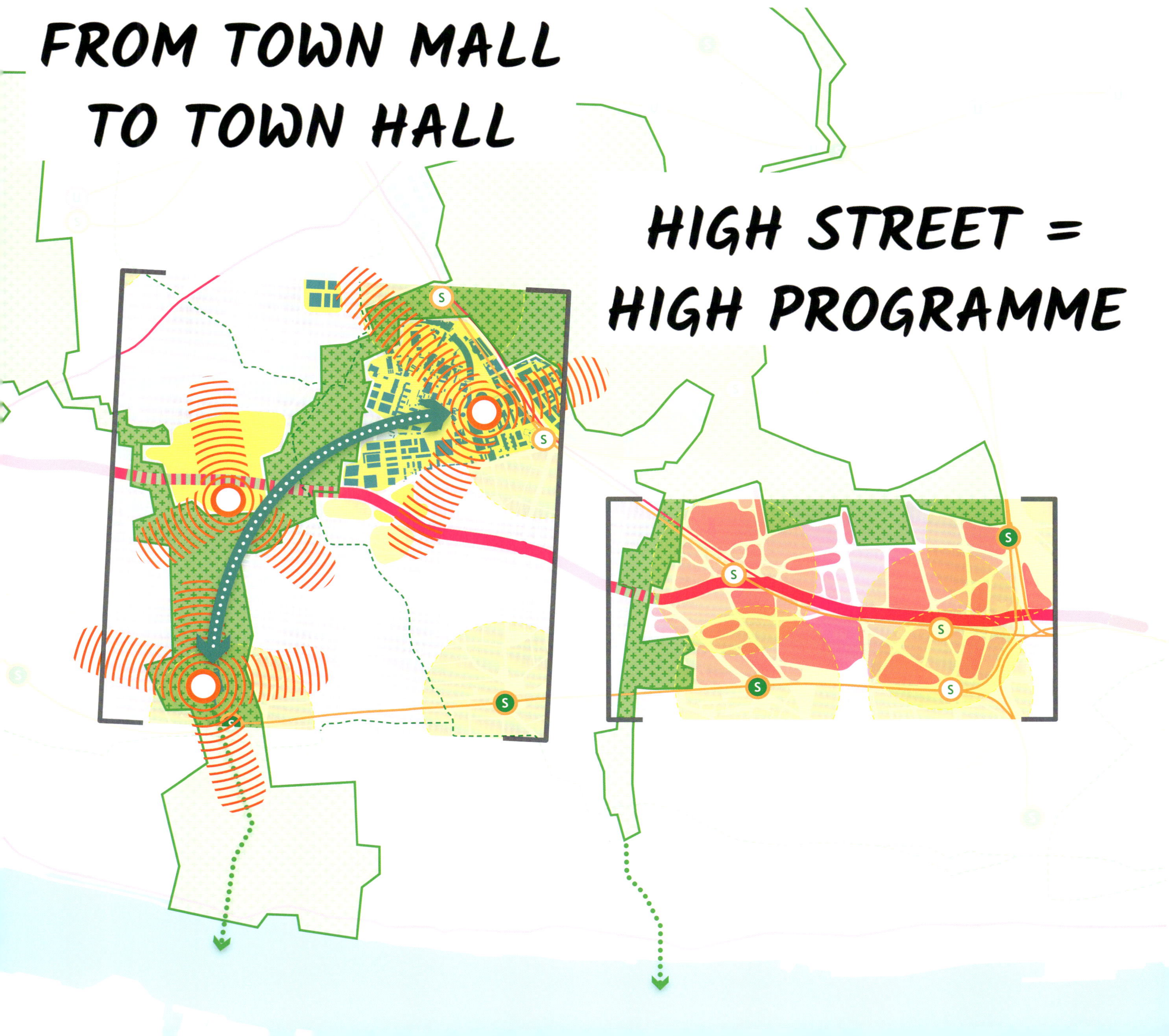
FROM TOWN MALL TO TOWN HALL
HIGH STREET = HIGH PROGRAMME

k212
KIELER STRASSE

MAGISTRALE 2

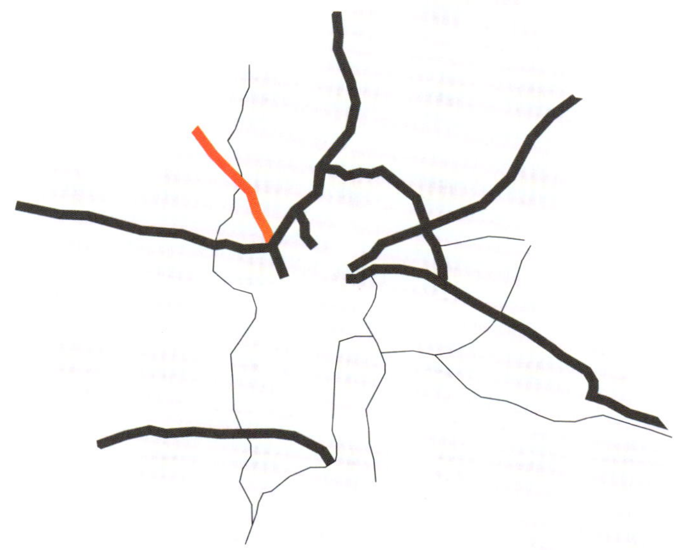

GO NORTH-WEST

KIELER STRASSE – PINNEBERGER CHAUSSEE, 8 KM

Auch wenn sich durch stark gewerblich geprägte und dann wieder mäßig verdichtete oder lückenhafte Abschnitte scheinbar ein völlig anderer Eindruck ergeben mag: Hier wohnen im Hamburger Magistralenvergleich die meisten Menschen. Es dominieren lokale und regionale Hotspots des Straßenverkehrs wie der innenstadtnahe Eimsbütteler Marktplatz, der heute eine Verkehrskreuzung ist, und wenige Kilometer weiter stadtauswärts eine der wichtigsten Hamburger Autobahnverknüpfungen (Stellingen). Selbst weiter draußen, in spürbar grünerem, locker bebautem Umfeld, werden noch Nutzungskonflikte zwischen Verkehr, Einzelhandel, Sport-/Freizeit-Einrichtungen und Wohnen sichtbar, zum Beispiel rund ums Eidelstedt Center.

Even though sections with a strong commercial character interspersed with moderately dense ones or gaps give a wholly different impression, this is Hamburg's most populated Magistrale in terms of residents. Local and regional road traffic hotspots dominate, such as Eimsbütteler Marktplatz close to the city centre and, a few kilometres further out, one of Hamburg's most important motorway nodes (Stellingen). Even further out, in a noticeably greener, loosely built environment, conflicts of use (between traffic, retail, sports/leisure facilities and housing) are still visible, e.g. around the Eidelstedt Center.

TEAM 2A – DIE NEUE MELODIE DER GROSSEN STRASSE.

Nicht hinter einer hermetischen Schallmauer absperren, sondern Lärm und Krach mindern und in einem gemeinsam koordinierten Schallraum die Melodie der Stadt herausarbeiten!

Die Umgebungsgeräusche erkennen, Sequenzen und Bass der Straße bestimmen: so wie offensichtliche und versteckte Bässe und die ganz leisen Töne

Recognise the ambient noise, determine the street's sequences and bass notes: like the obvious and hidden bass notes and the very quiet sounds

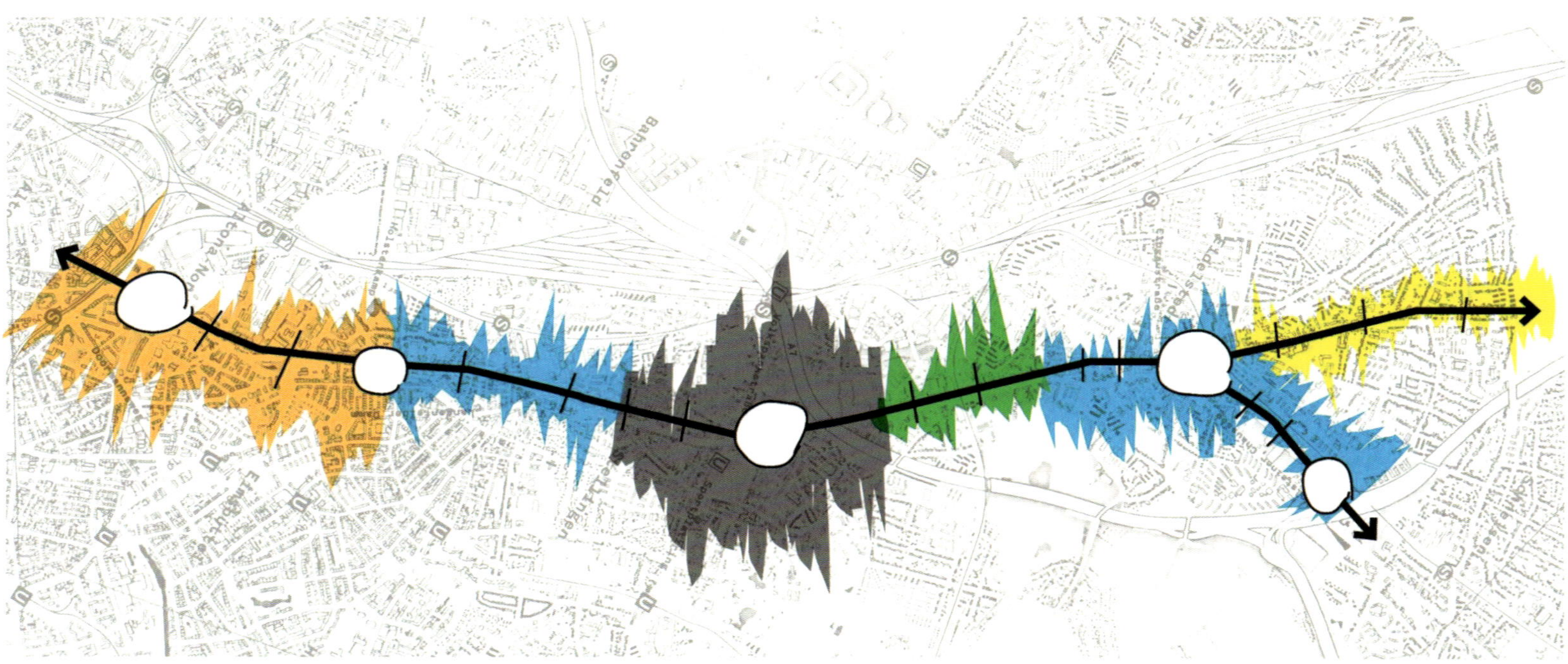

Die neue Melodie der Stadt: ändern, verstärken, für Vielfalt und Harmonie

Play the new melody: modify, amplify, create diversity and harmony

TEAM 2A – THE NEW MELODY OF THE MAJOR ROAD.

Don't close it off hermetically behind a noise barrier; reduce the noise instead and tease out the melody of the city in a jointly coordinated sound space!

Io Maria Andersen Schønherr, COBE (Nordhavn, DK)

1. **The Bauforum** is a remarkable experience for me because its aim was to dream big and use the city as a 1:1 laboratory, free from the restrictions of politics and economy. There was an enthusiasm and willingness to discuss architecture I have not experienced elsewhere.

2. **I was inspired** to see the potential in the Magistralen of my city, Copenhagen. At the Bauforum, my view of the typology of the Magistrale changed from regarding it as a scar dividing the city to considering it as a potential green lung of the city.

3. **In my team's approach,** it is particularly important that, whilst we focused specifically on Magistrale 2, with rather specific proposals for this particular section, we were at the same time able to formulate more general visions for strengthening or transforming the Magistralen in all cities, not just Hamburg.

ARGUS Stadt und Verkehr (D); asdfg Architekten (D); BOLLES+WILSON (D); COBE (DK); LRW Architekten und Stadtplaner (D); HafenCity Universität Hamburg; FH Münster; Bezirksamt Eimsbüttel. Marvin Brinkmann, Ulrike Broocks, Annalotte Irmler, Kilian Jonak, Merete Kinnerup Andersen, Philipp Loeper, Karin Loosen, Kejdi Lulja, Felix Mönnich, Rudolf Rüschoff, Christian Scheler, Alexandra Schmitz, Io Maria Schønherr, Jan Philipp Stephan, Peter L. Wilson

Ändern, verstärken, für Vielfalt und Harmonie – so entsteht die neue Melodie der Magistrale. Zur Reduktion des Grundrauschens sind für Team 2A unterschiedliche Maßnahmen erforderlich (Geschwindigkeitsbegrenzungen, veränderte Mobilitätsformen und -zeiten). Auch in naher Zukunft werden bestimmte Abschnitte und Kreuzungspunkte durch Autoverkehr und Verkehrslärm belastet sein. Statt einer generellen Verdichtung schlägt die Arbeit eine Stärkung des bestehenden Rhythmus vor: Verkehrswege werden gebündelt und Räume für die unterschiedlichen Verkehrsteilnehmerinnen und Verkehrsteilnehmer neu zoniert. Die auf diese Weise entstehenden Freiräume machen die Quartiere lebenswerter. Schwerpunkte der Strategie sind: ein „Urban Square" auf Höhe des Eimsbütteler Paciuswegs (mit Fahrrad-Highway), ein „New Eimsbüttel Market" am Beginn der Kieler Straße und weiter draußen der „New Eidelstedt Market", wo der Busbahnhof an die S-Bahn-Haltestelle verlagert wird.

Modify, amplify, create diversity and harmony – this is how the new melody will emerge. For Team 2A, various measures are required to reduce the ambient noise (speed limits and changed mobility forms and times). Certain sections and junctions will continue to suffer from motor traffic and traffic noise. In the place of general densification, the proposal envisages a strengthening of the existing rhythm: traffic routes will be grouped together and zones for the different road users will be redefined. The open space gained as a result will improve the quality of life in the neighbourhoods. The focal points of the strategy are: an "Urban Square" at Eimsbütteler Paciusweg (with a cycle highway), a "New Eimsbüttel Market" at the start of Kieler Straße and, further out, "New Eidelstedt Market", where the bus station will be relocated to the rapid transit station.

Ein „Urban Square" als zentraler Zugang in den dicht bebauten und beliebten Stadtteil Eimsbüttel soll die Magistrale mit dem Herzen des Quartiers besser vernetzen und den Sound der Stadt qualifizieren.

An "Urban Square" as the central access point to the densely built, busy Eimsbüttel area aims to improve the connections between the Magistrale and the heart of the neighbourhood and to determine the "sound" of the city.

TEAM 2B – VOM FREEWAY ZUM LEEWAY.

Transformation heißt hier: Die Ein- und Ausfallstraßen geben Räume für die Menschen frei. Aus den früheren Straßenräumen werden Freiräume: lebendige Nachbarschaft statt Asphalt!

Prof. Anna Lundqvist,
MAN MADE LAND (Berlin, D)

1. **Im Bauforum** war für mich sehr ermutigend, dass alle Teilnehmenden sich einig waren, die Mobilitätswende und den Ausstieg aus der fossilen Energieerzeugung zu forcieren. Deswegen bin ich überzeugt davon, dass es auch geschehen wird.

2. **Mich hat inspiriert,** weiter darüber nachzudenken, welche Potenziale die Mobilitätswende für den Freiraum hat – insbesondere die Nutzungsvorteile für die Zivilgesellschaft.

3. **Unser Vorschlag** will zeigen, dass die Magistralen, die vielleicht heute als Unorte wahrnehmbar sind, keine ungenutzten Orte sind. Und dass die bisherigen Nutzungen und Nutzenden nicht verdrängt werden sollten. In unserem Team haben wir dies unter dem Begriff „Leeway" diskutiert – das ist ein Freiraum, in seiner doppelten Bedeutung von offenem Raum und Raum für Freiheit.

51N4E (B); ARGUS Stadt und Verkehr (D); blauraum (D); KAWAHARA KRAUSE ARCHITECTS (D); MAN MADE LAND (D); Studio Alice Peragine (D); FH Münster; HafenCity Universität Hamburg; Behörde für Stadtentwicklung und Wohnen. Birgit Ferber, Till Griesemann, Volker Halbach, Tatsuya Kawahara, Ellen Kristina Krause, Christoph Ludwig, Anna Lundqvist, Wim Menten, Margherita Miani, Simon Neumayer, Alice Peragine, Sebastian Schützner, Burak Solmaz, Carsten Venus, Harold Vermeiren, Philippa Wenzl, Jannes Wurps

Untersuchungen beweisen, dass sich die Räume für die Automobilität verselbstständigen und ihre begleitenden Stadträume einengen. Unter dem Motto „From Freeway to Leeway" schlägt Team 2B notwendige Änderungen vor: 1. „Interchange Zone" als Tor zur Stadt, an der Schnittstelle von Magistrale und Autobahn A 7, wo Menschen und Waren einen Wechsel vom Auto auf andere Verkehrsträger wagen sollen. 2. „Eimsbütteler Marktplatz": Auf der neu geordneten Fläche des Eimsbütteler Marktplatzes soll ein Mobilitäts-Hub für das Quartier entstehen. Die bisher unzugänglichen Grünflächen sollen qualifiziert und für die Öffentlichkeit zugänglich gemacht werden. 3. „Creative Center Eimsbüttel": Freiräume, Restflächen und Vorzonen bieten Raum für eine Aneignung durch die Anwohnerinnen und Anwohner.

Studies show how space used for motor traffic takes on a life of its own, encroaching on the urban areas around it. "From Freeway to Leeway" suggests necessary changes. Pilot projects are envisaged at three locations: 1. "Interchange Zone" as a gateway to the city, at the intersection of the Magistrale and the A 7 motorway, where people and goods should be encouraged to switch from the car to other forms of transport. 2. "Eimsbütteler Marktplatz": A mobility hub for the neighbourhood is to be created on the reorganised area of Eimsbütteler Marktplatz. The previously inaccessible green spaces are to be upgraded and made accessible to the public. 3. "Creative Center Eimsbüttel": Open spaces, residual areas and forecourt zones are spaces whereby residents can take control.

TEAM 2B – FROM FREEWAY TO LEEWAY. In this case, transformation means getting the approach and exit roads to give up space so that people can use it. These former roadside environments will turn into free spaces: lively neighbourhood instead of asphalt!

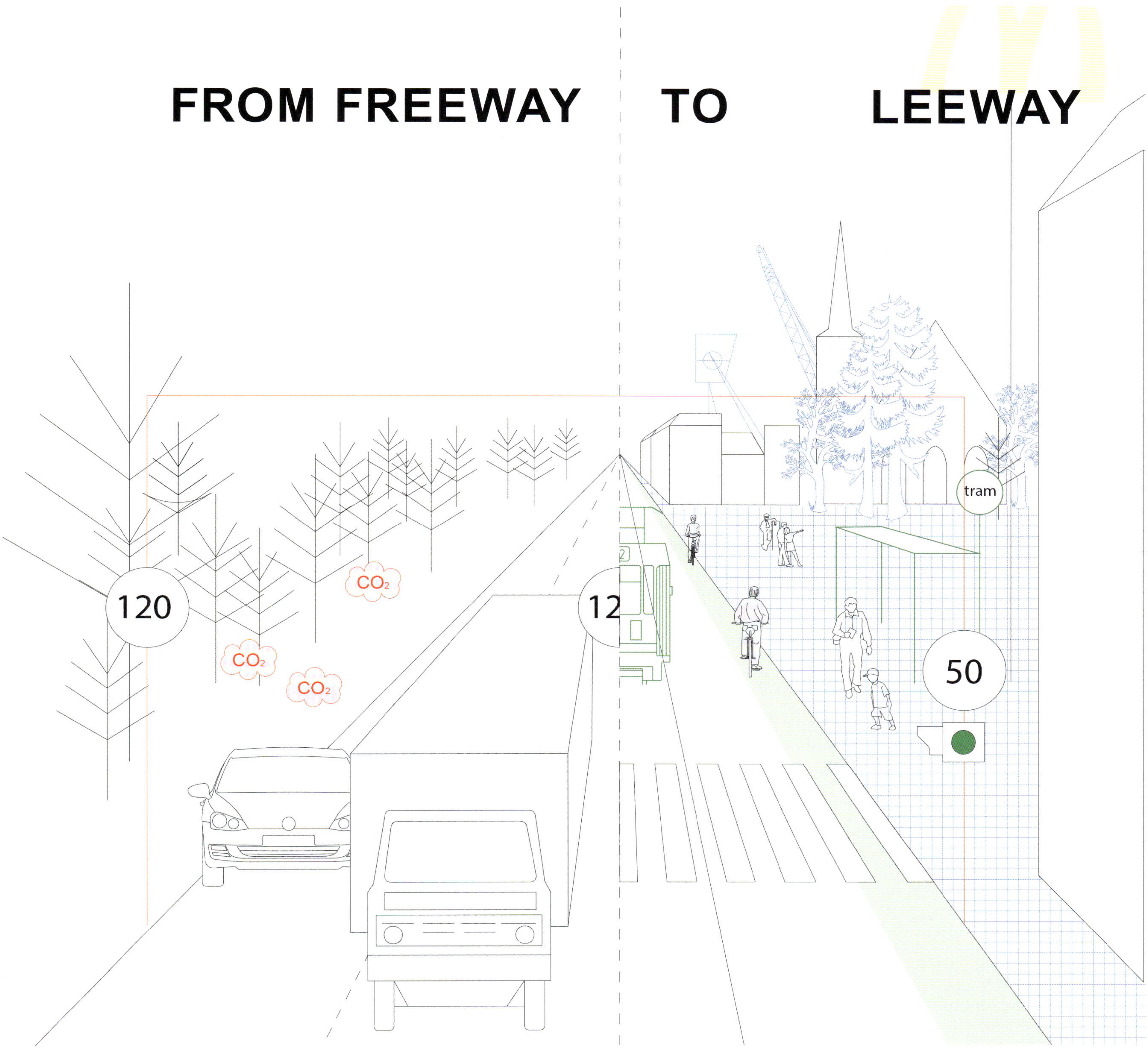

Der Leeway (Freiraum) bringt einen gemeinsam zu nutzenden Raum und andere Geschwindigkeiten mit sich.

The leeway brings a shared space and different speeds.

Das Team 2B zeigt – wie hier für den Eimsbütteler Marktplatz – behutsame Strategien und Maßnahmen auf, wie und wo Anwohnerinnen und Anwohner sich ihren Stadtraum wieder aneignen und ihn mitgestalten können.

Team 2B presents and (e.g. at Eimsbütteler Market) cautiously demonstrates strategies, measures and places where residents can take back control of their urban areas and share in the shaping of them.

PFAUENFEDERPLAN
PEACOCK FEATHER PLAN

Schumachers berühmter „Federplan" feierte 2019 seinen 100-jährigen Geburtstag. Er war und ist die Blaupause für die Entwicklung einer hanseatischen Stadtlandschaft – was heißt das für das 21. Jahrhundert?

Schumacher's famous "Federplan" (feather plan) celebrated its 100th anniversary in 2019. It was and continues to be the blueprint for the development of the Hanseatic urban landscape. So, what does that mean for the 21st century?

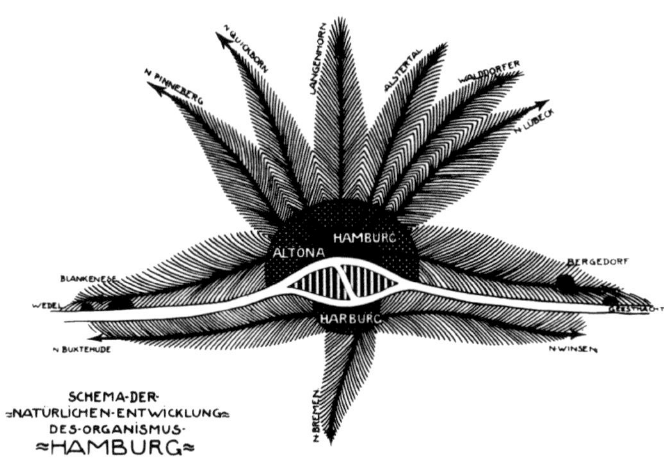

Schumachers „Federplan" steht noch immer sinnbildlich für Hamburgs räumliche Struktur mit einer Konzentration der baulichen Entwicklung entlang der großen Verkehrsverbindungen in die Region. Die auf das Wesentliche reduzierte Darstellung ähnelt dabei einem Kopfschmuck, der sich mit dichter Federpracht um das Stadtzentrum legt. Der Federkranz wird zum Rande hin lichter, die Zwischenräume bleiben als Landschaftsachsen frei von Bebauung. Die Bedeutung dieser Landschaftsachsen war im Bauforum unumstritten; sie sollen erhalten und gestärkt werden. Ebenso sollen aber bestimmte Orte als neue Dreh- und Angelpunkte glänzen, wie die für das Federkleid des Pfaus so typischen schillernden Augen – gleich mehrere Teams haben in diese Richtung Ideen entwickelt.

Schumachers "Federplan" is still a representation of Hamburg's spatial structure with a concentration of development along the main traffic corridors into the wider region. The representation, reduced to its essentials, resembles a headdress that encompasses the city centre with a dense splendour of plumage. The crown of feathers thins out towards the edges; the spaces in between remain free of buildings, as landscape axes. In the Bauforum, the importance of these landscape axes was undisputed; they needed to be preserved and strengthened. But certain places ought also to shine as new pivotal points, just like the iridescent eyes so typical of the peacock's plumage – several teams developed ideas along these lines.

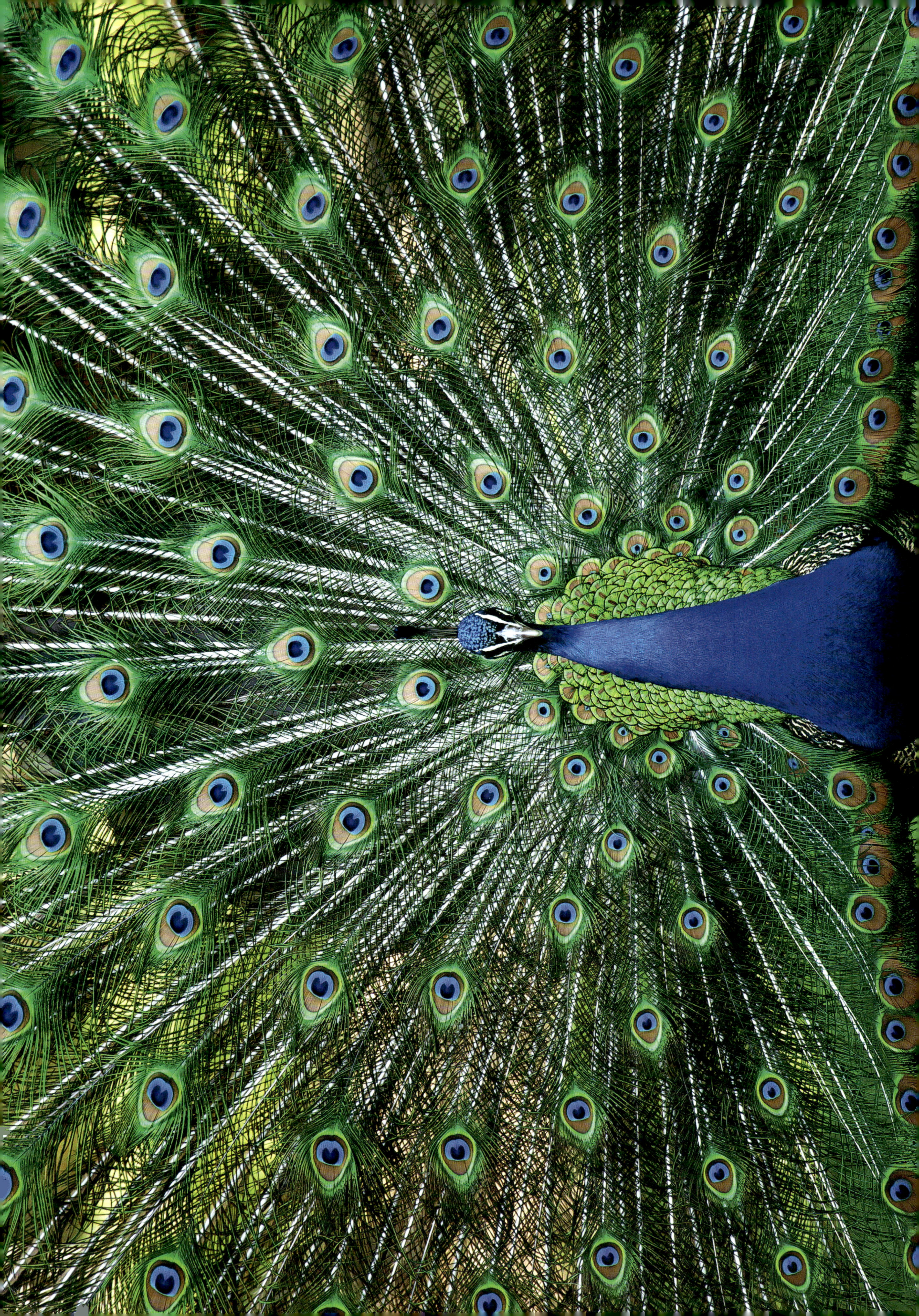

OUTSIDE THE BOX

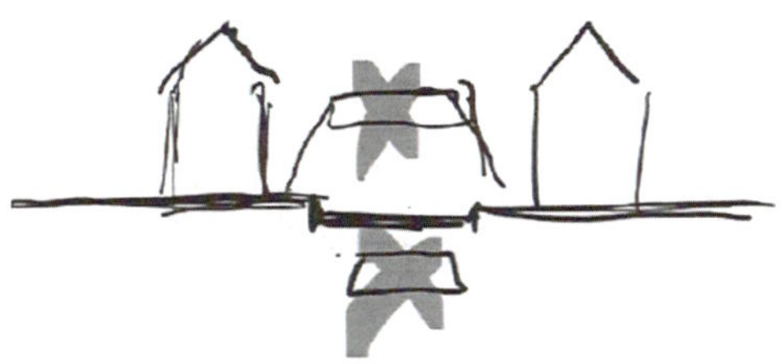

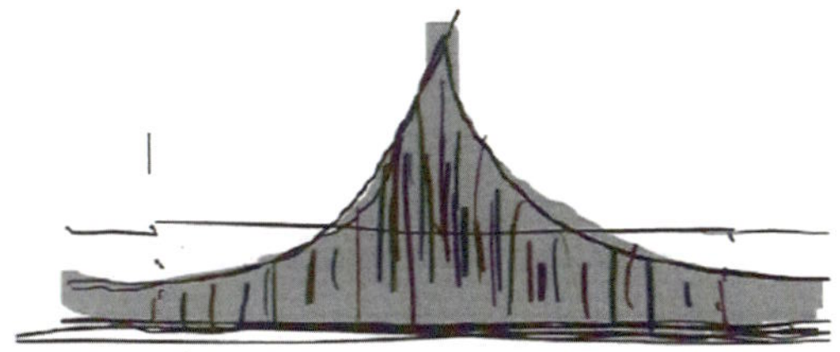

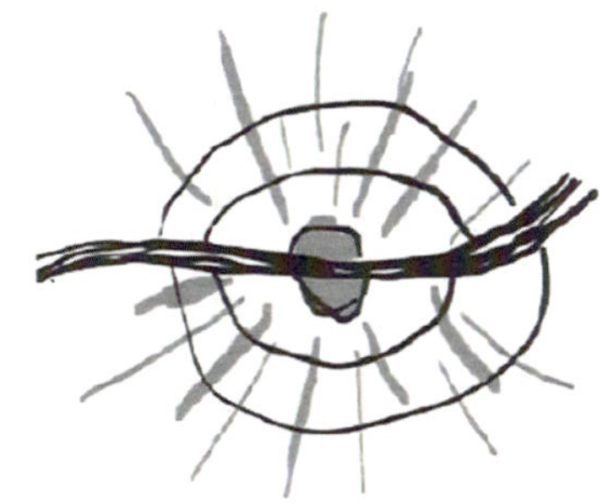

Team 2A fasste seinen Entwurf in fünf Abbildungen zusammen (von links): 1. Verwenden der vorhandenen Struktur, 2. Bauen unter Befolgung der Dynamik/des Rhythmus, 3. Programmieren von Verbindungen mit der Nachbarschaft, 4. Verbessern des öffentlichen Raums, 5. Stärken der Magistrale als Linie (unten).

Team 2A summarised its design in five figures (from left): 1. Using the existing structure, 2. Building according to the dynamic/rhythm, 3. Programming connections with the neighbourhood, 4. Enhancing public space around, 5. Emphasising the Magistrale as a line (below).

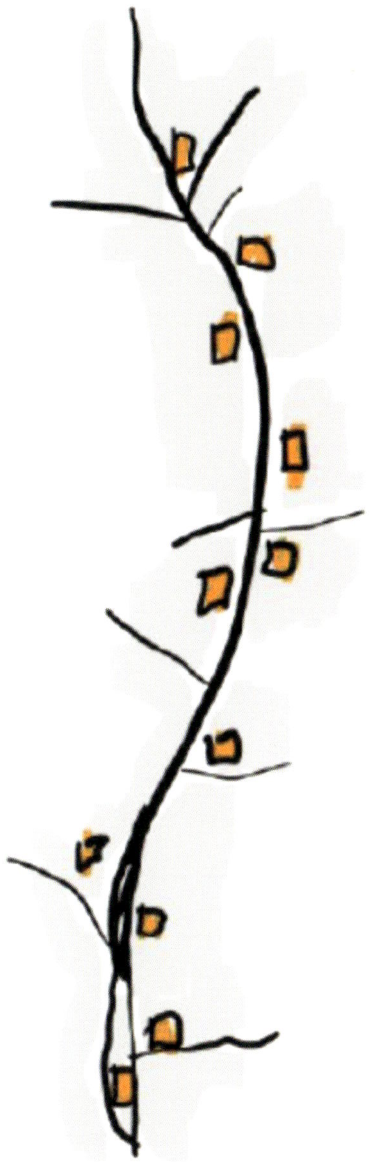

Den neuen Rhythmus hat Peter L. Wilson (BOLLES+WILSON, D) persönlich interpretiert und in eine Zeichnung der Magistrale Kieler Straße übersetzt – strukturiert, laut und ausdrucksstark. Nicht alle Teammitglieder hat seine Vision überzeugt, und so kam es zu einer kleinen Demonstration im Rahmen der Abschlusspräsentation – wie das Foto auf Seite 121 zeigt.

Peter L. Wilson (BOLLES+WILSON, D) interpreted the new rhythm personally and transformed it into a drawing of the Magistrale Kieler Straße – structured, loud and expressive. His vision did not convince all team members, and so there was a small demo during the final presentation – as the photo on page 121 shows.

U
4.0m

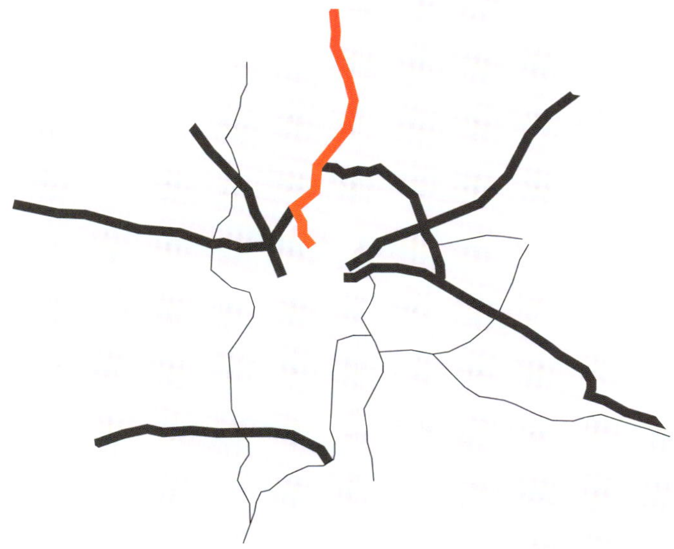

GO NORTH

GRINDELALLEE – LANGENHORNER CHAUSSEE, 14,7 KM

Die Magistrale 3 ist „glocal". Einerseits verbindet sie den Airport mit der City, andererseits bildet sie eindrücklich die Kleinteiligkeit der Hamburger Stadtlandschaft ab. Zunächst durchschneidet sie das Univiertel im Grindel. In der Weiterfahrt wird diese Magistrale zur Botschafterin des weißen und gründerzeitlichen Hamburgs mit Harvestehude und Eppendorf in der klassischen Inneren Stadt Hamburgs. Im mittleren Teil verläuft sie parallel zum grün-blauen Band der Alster(kanalisierung), die der damalige Oberbaudirektor Fritz Schumacher in der Zwischenkriegszeit für den Prototypen einer exklusiven Stadtentwicklung (in Ziegel) am Fluss genutzt hat. Unter dem grünen Dach der Alsterkrugchaussee und in Nachbarschaft beliebter Kleingärten wechselt das Szenario radikal. In Fuhlsbüttel wird der Hamburger Flughafen erreicht, dessen urbane Bedeutung für das städtische Leben im Umfeld gestärkt werden muss.

Magistrale 3 is "glocal". On the one hand, it connects the airport with the city centre; on the other, it is an impressive reflection of the small-scale nature of the Hamburg urban landscape. It begins by bisecting the campus of Universität Hamburg in the Grindel area. Further along its course, this Magistrale becomes an ambassador for the white-painted architecture of the Wilhelminian period in the inner-city areas of Harvestehude and Eppendorf. Its central section runs parallel to the green-blue ribbon of the Alster (here canalised) and was used in the interwar years by the then Chief Planning Officer Fritz Schumacher as a prototype for an exclusive (brick-built) city development by the river. The scenario shifts radically under the green canopy of Alsterkrugchaussee and in the neighbourhood of much-loved allotment gardens. Nearby, we reach Hamburg Airport, whose relevance for urban life in the surrounding area needs to be strengthened.

TEAM 3A – DIE FÜNF-MINUTEN-STADT. Einmal bewusst die Perspektive ändern, das Innere nach außen krempeln: *There´s a whole city out there!*

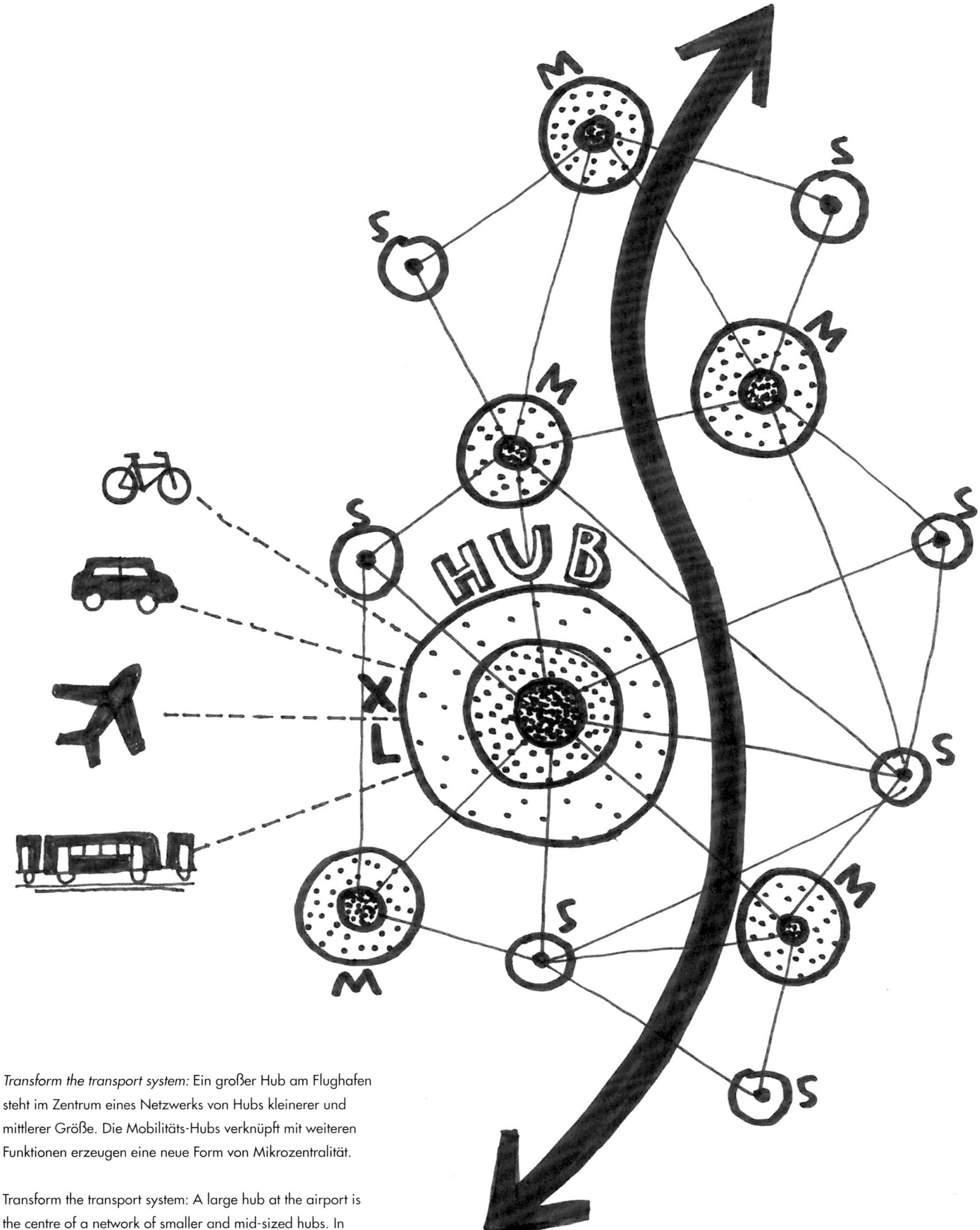

Transform the transport system: Ein großer Hub am Flughafen steht im Zentrum eines Netzwerks von Hubs kleinerer und mittlerer Größe. Die Mobilitäts-Hubs verknüpft mit weiteren Funktionen erzeugen eine neue Form von Mikrozentralität.

Transform the transport system: A large hub at the airport is the centre of a network of smaller and mid-sized hubs. In combination with further functions, the mobility hubs generate a new form of micro-centrality.

TEAM 3A – FIVE MINUTE CITY. Let's change the perspective for once and turn the inside out: There's a whole city out there!

Mehdi Moshfeghi, FEHLIG-MOSHFEGHI ARCHITEKTEN (Hamburg, D)

1. **Das Bauforum** hat mir einen Blick hinter die Kulissen der Stadtentwicklung erlaubt. Die Bewältigung der Magistralen benötigt eine enge Zusammenarbeit aller Akteurinnen und Akteure. In Hamburg wird seit Jahrzehnten miteinander statt nebeneinander agiert. Das Bauforum ist der beste Beweis dafür.

2. **Mich inspiriert** das Zusammenwirken mit den Bezirken, internationalen Planenden, Querdenkenden und interessierten Besucherinnen und Besuchern, welches einen spannenden Perspektivwechsel erlaubt hat.

3. **Unser Vorschlag** betont die Neuausrichtung der Magistralen, die nicht über die Summe von Einzelmaßnahmen gelingen kann. Es bedarf eines ganzheitlichen Konzepts, das ein grundlegend neues Verständnis vom Straßenraum erzeugt.

DFZ ARCHITEKTEN (D); FEHLIG-MOSHFEGHI ARCHITEKTEN (D); PosadMaxwan (NL); studio amore (D); Teleinternetcafe Architektur und Urbanismus (D); HafenCity Universität Hamburg; Bezirksamt Hamburg-Nord. Hans-Peter Boltres, Nicolas Britsch, Elena Bulanova, Mathias Burke, Marius Gantert, Yundi He, Stephen Kausch, Alexander Marks, Mehdi Moshfeghi, Jacopo Puccio, Britt Reincke, Emile Revier, Verena Schmidt, Philip Alexander Scholz, Philipp Schwab, Alice Weimar

Das Team verzichtet bewusst darauf, die Abschnitte der Inneren Stadt zu entwickeln und erkennt damit an, dass städtebaulich (zum Beispiel an der Grindelallee) oder in der Verbindung zu anliegenden Landschafts- und Quartiersräumen (Alsterkrugchaussee) der Handlungsbedarf viel kleiner als „draußen" ist – ganz im Sinne der Emanzipation der Äußeren Stadt. Dort entwickelt das Team zum Beispiel den Mikrokosmos einer „Five Minute City" – einer Stadtstruktur, in der man alles Wesentliche, Nahversorgung und Naherholung, innerhalb von fünf Minuten ohne Auto erreichen kann. Der Zugang zum Flughafen wird gestärkt und als Entrance-Point (Mobilitäts-Hub zwischen Innerer und Äußerer Stadt) entwickelt. Stadt und Helmut-Schmidt-Flughafen sollen sich nicht länger Rücken an Rücken gegenüberstehen, es könnte ein offenes Airport Centre entstehen.

The team deliberately refrains from developing the sections of the inner city, thus recognising that, in terms of urban development (e.g. at Grindel) or in connection with the adjacent landscape and neighbourhood spaces (Alsterkrugchaussee), the need for action is much smaller than "outside" – entirely in keeping with the emancipation of the outlying city areas. There, for example, the team is developing the microcosm of a „Five Minute City" – an urban structure in which everything essential (local shopping and services and local recreation) can be reached in five minutes without a car. Access to the airport will be strengthened and developed as an entrance point (mobility hub between the inner and outer city). The city and the Helmut Schmidt Airport should no longer stand back to back; an open Airport Centre could be created.

MARKET

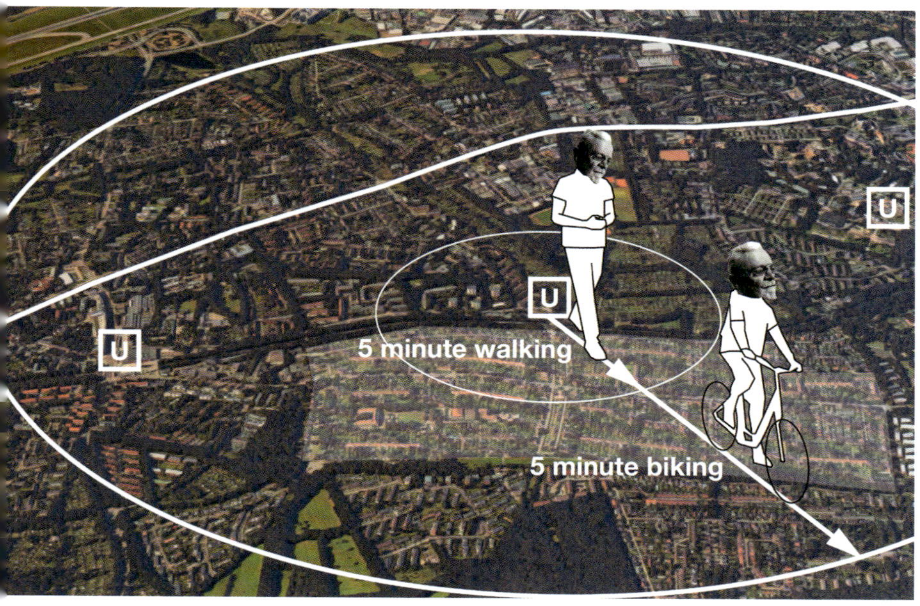

Die „Five Minute City": Sie ist von vielen Bewohnerinnen und Bewohnern innerhalb von fünf Minuten zu Fuß oder per Rad erreichbar. Der ehemalige Oberbaudirektor Fritz Schumacher (kleines Bild) hätte seine Freude an den grünen Wegeverbindungen gehabt.

The "Five Minute City": For many residents, a lot can be reached in five minutes on foot or by bike. The new infrastructure needed will be provided. Fritz Schumacher (small picture) would have liked the green connecting paths.

TEAM 3B – URBANE AGENDA FÜR DREI STADTRÄUME.

„Garden City", „Airport City" und „Inner City" – sozusagen Hamburg *en miniature*, aufgefädelt an einer großen Straße.

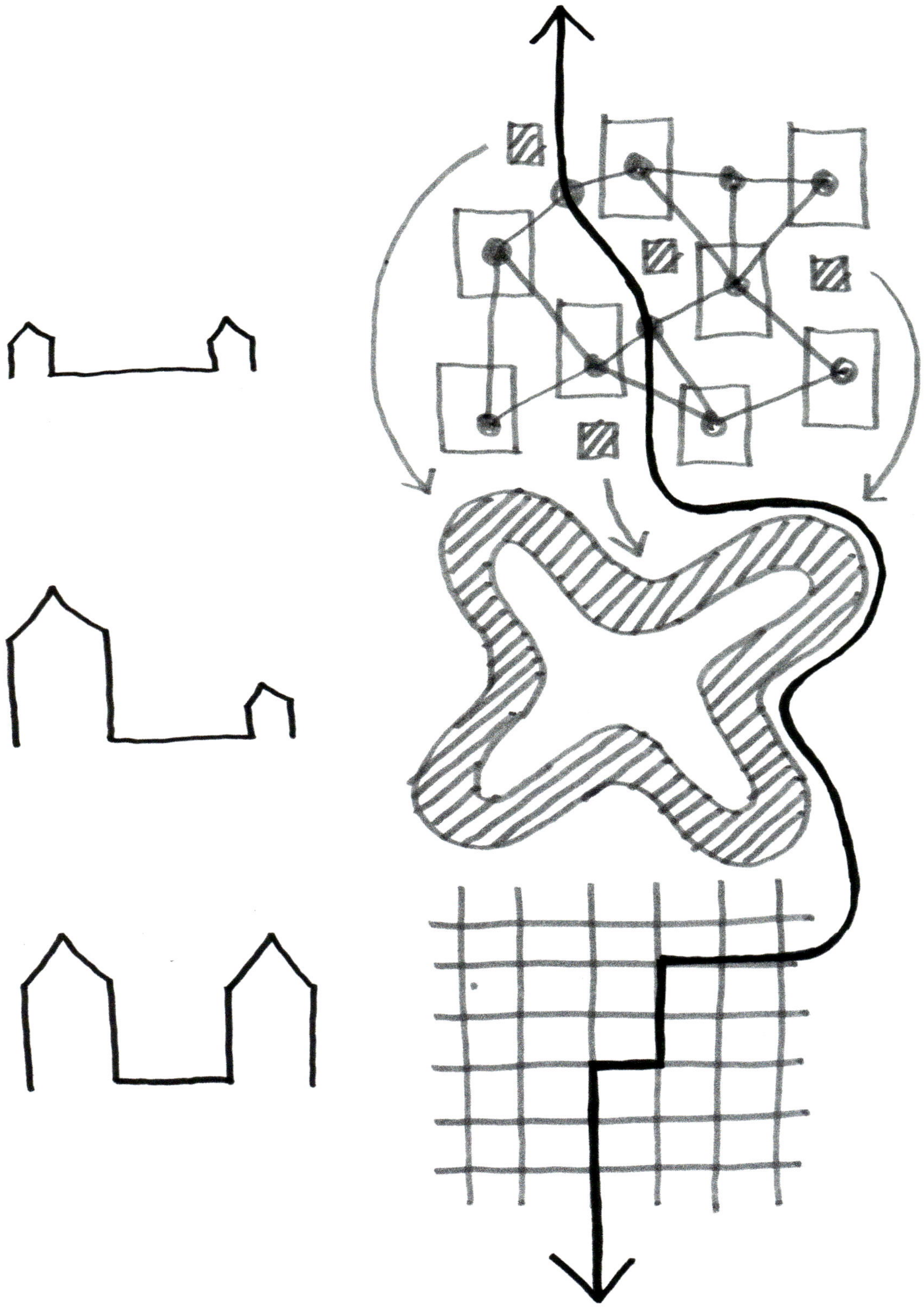

Agata Woźniczka, BUDCUD (Kraków, PL)

1. **The Bauforum** was a remarkable experience for me because I discovered so many unique perspectives for looking at and working on city strategies that speculate on a better urban future.

2. **I was inspired** to reflect on the future – both immediate (temporary) and long-distance – of European cities, and to perceive the city as a resilient and interconnected system of spatial, ecological, economical, and sociological factors.

3. **In my team's approach,** it was particularly important to me that we should define a goal of revitalising the Magistrale through creating a network of walkable and sustainable local centres with a strong vernacular identity around it. We developed both temporary and long-term strategies to revitalise those mapped areas.

„Garden City", „Airport City", „Inner City" – der Versuch einer räumlichen Typologie für die Magistrale. Von links nach rechts: Unterschiede im Straßenraumprofil, Differenzierung der City-Schemata, räumliche Vernetzungen

"Garden City", "Airport City", "Inner City" – an attempt at a spatial typology for the Magistrale. From left to right: differences in the profile of the roadside environment, differentiation of city patterns, spatial networks

TEAM 3B – URBAN AGENDA FOR THREE URBAN SPACES.

"Garden City", "Airport City" and "Inner City". Hamburg in miniature, in other words, threaded on a major road.

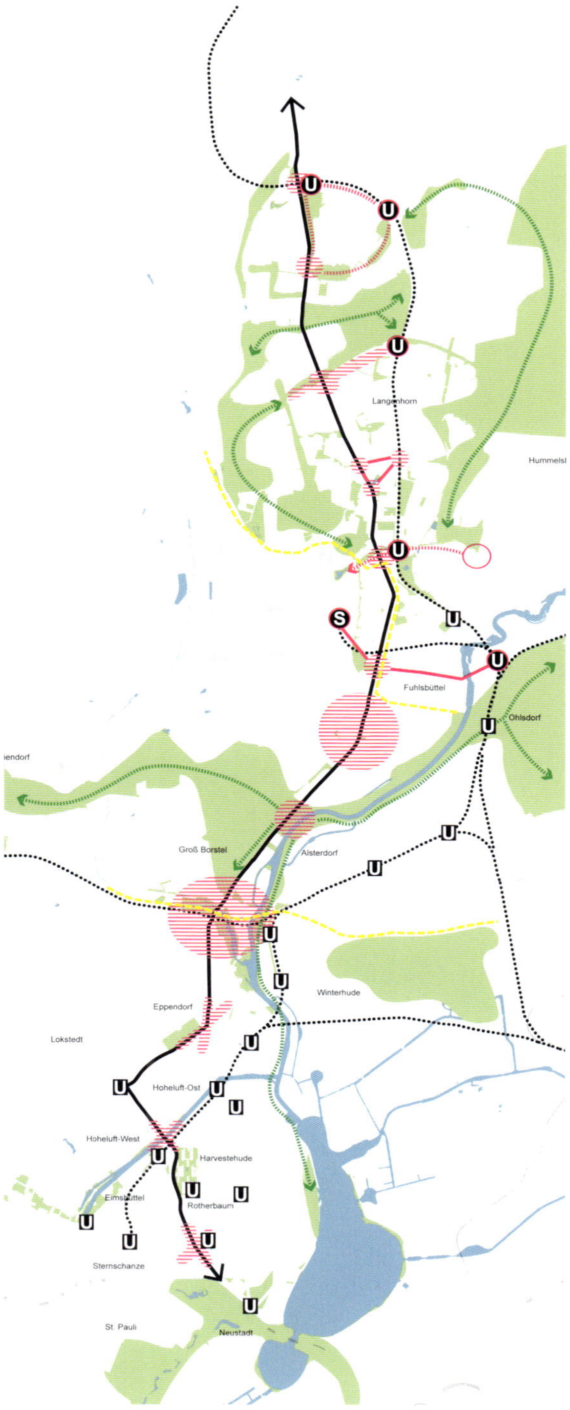

ARUP (D); BRUUN & MÖLLERS Landschaften (D); BUDCUD (PL); HADI TEHERANI (D); yellow z (D); HafenCity Universität Hamburg; Behörde für Wirtschaft, Verkehr und Innovation; Behörde für Stadtentwicklung und Wohnen. Mario Abel, Mateusz Adamczyk, Laika Alm, Theresa Alpen, Ibrahem Alsalamh, Sebastian Appl, Christian Bergmann, Oliver Bormann, Bertel Bruun, Ilka Heumann-Hennies, Roman Hohlbein, Daniel Kauder, Michael Koch, Lucia Pum, Vasiliki Sofokleous, Rouven Wagner, Agata Woźniczka

Team 3B geht das Thema City abschnittsweise an. Drei unterschiedliche städtebauliche Identitäten sollen stabilisiert werden: „Garden City", „Airport City" und „Inner City". Im innerstädtischen Bereich können mit der sensiblen Technik von städtebaulichen Akkupunkturen Freiraum- und Grünqualitäten gesteigert und baulich ergänzt werden. Im Abschnitt der Hoheluftbrücke wird unterhalb der Magistrale – auf Ebene des dort verlaufenden Isebekkanals – ein neuer Zugang zum Wasser vorgeschlagen. Eine „Public Local Waterfront" entsteht. Dort, wo die Magistrale mit der Alsterkrugchaussee zur Ausfallstraße wird, sollen die Quartiere mit der Entwicklung von Zentren und Wegeverbindungen gestärkt werden. Alles zusammen wird zur „Garden City". Im Kraftfeld des Flughafens entsteht das „Airport Gate" – eine Empfangssituation für Flugreisende sowie Passantinnen und Passanten, in der Stadt und Flughafen eine urbane Verbindung eingehen.

Team 3B approaches the city theme in a selective manner. Their task is to stabilise three different urban development identities: "Garden City", "Airport City" and "Inner City". In the inner-city area, sensitive techniques of urban development acupuncture can be used to improve and add buildings to existing landscape and green qualities. In the section at Hoheluftbrücke, a new access to the water is proposed beneath the Magistrale – at the level of Isebekkanal. This would create a "Public Local Waterfront". At Alsterkrugchaussee, where the Magistrale becomes a main outgoing road, new paths improve connections to new developed centres. Taken together, everything unites to create a "Garden City". Within the force field of the airport, the "Airport Gate" will be created – a reception space for air travellers and passers-by where the city and the airport form an urban connection.

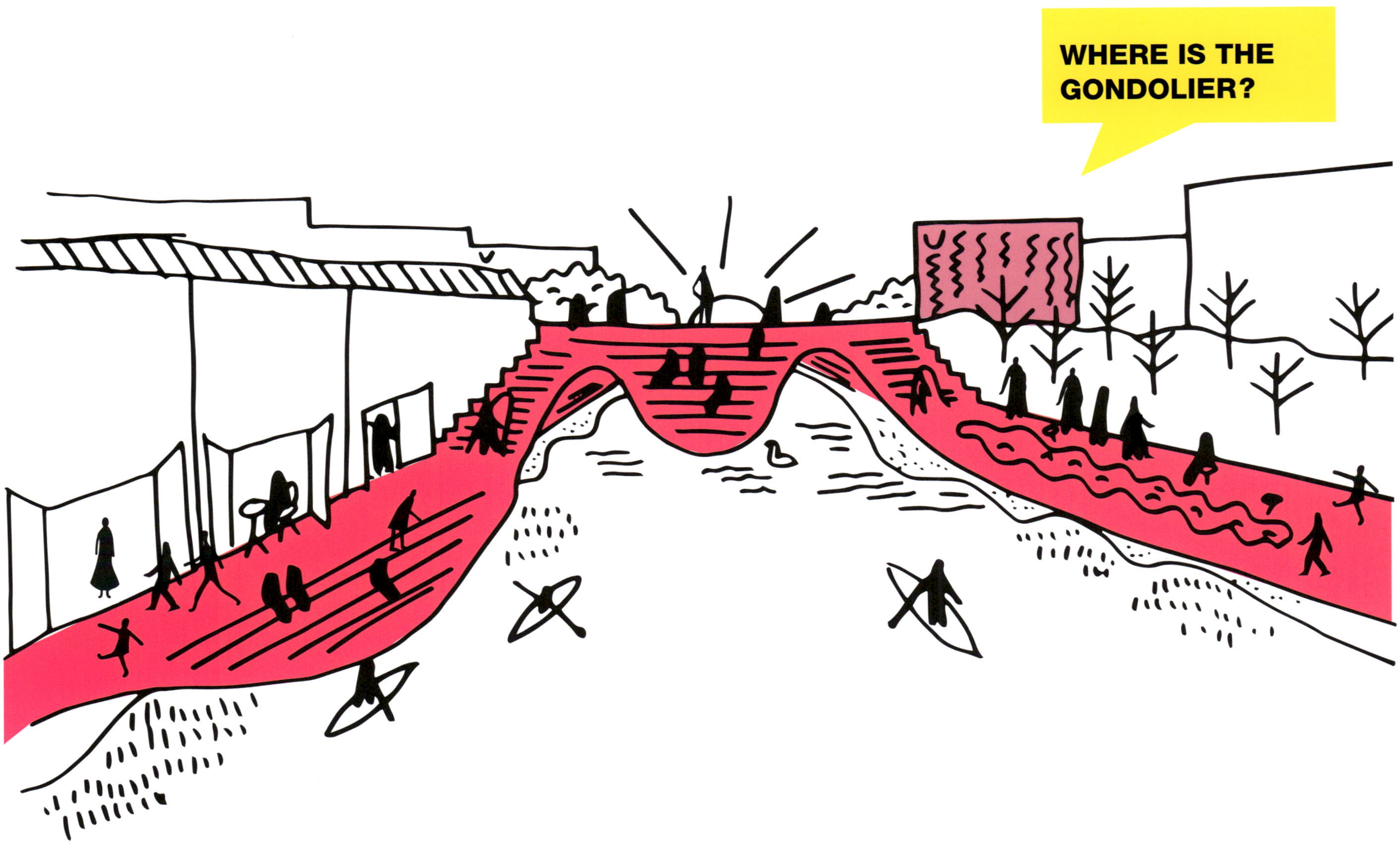

Wer die Stadt kennt, entdeckt neue Möglichkeiten: pragmatische und poetische. Erzählen von Venedig (links), beobachten wie Caspar David Friedrich (rechts). Indem die Hoheluftbrücke mit den Ufern stärker vernetzt oder eine grüne Brücke über die Alsterkrugchaussee geschlagen wird, werden deren Qualitäten öffentlich zugänglich gemacht.

Anyone who knows the city will discover new opportunities: pragmatic and poetic ones. Narratives of Venice (left), observations like Caspar David Friedrich's (right). If Hoheluftbrücke links up more closely with the canal banks or Alsterkrugchaussee develops into a green path, these qualities will increasingly become publicly accessible.

MAGISTRALE 4

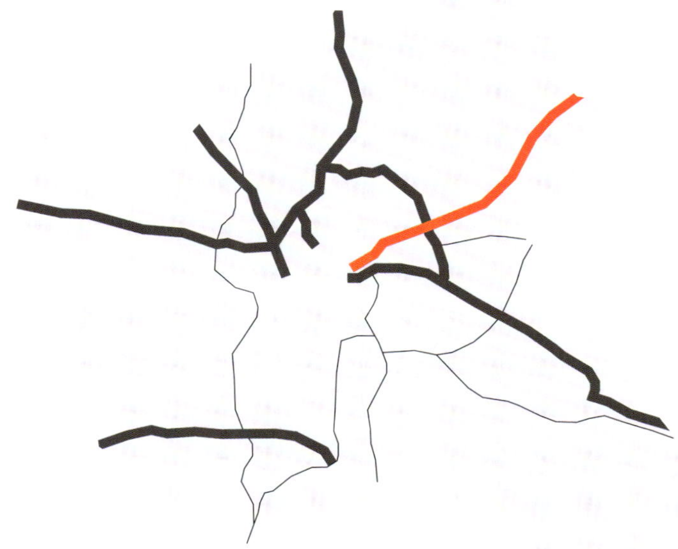

GO EAST

STEINDAMM – MEIENDORFER STRASSE, 16,2 KM

Die Magistrale 4 führt aus dem gründerzeitlichen St. Georg am Hauptbahnhof hinaus durch den Bezirk Wandsbek zum Stadtrand mit dem ehemaligen Standortübungsplatz und heutigen Naturschutzgebiet Höltigbaum. Das war der stark kriegszerstörte Osten, dessen Charakter heute durch die typische Zeilenbauweise der Nachkriegsjahre charakterisiert ist – vielen Hamburgerinnen und Hamburgern erscheint das zu einfach oder harmlos, aber durch die starke Durchgrünung besitzen die Quartiere einen hohen Wohnwert. Die Magistrale durchschneidet das Geschäfts- und Verwaltungszentrum des größten Hamburger Bezirks Wandsbek und bedient einen der wichtigsten Umsteigepunkte zwischen Bus und Bahn des Hamburger Ostens am Wandsbeker Markt. Der Magistralenraum wird durch drei parallele Achsen bestimmt: die Straße, eine Regionalbahnstrecke, die zur S-Bahn ausgebaut wird, und den Flusslauf der Wandse für die Naherholung.

Magistrale 4 runs from the St Georg area near the main railway station (with its Wilhelminian-era architecture) out through Wandsbek District to the edge of the city and the former military training area of Höltigbaum, now a nature reserve. Severely damaged in the war, Hamburg's east city is characterised by the terrace-style construction typical of the post-war years – for many Hamburg residents, this seems too simple or tame, but the large proportion of urban green gives these neighbourhoods a high amenity level. The Magistrale cuts through the commercial and administrative centre of Hamburg's largest district, Wandsbek, and serves one of the most important bus and rail interchanges in eastern Hamburg at Wandsbeker Markt. This route is defined by three parallel branches – the road, a regional railway that is being upgraded to a rapid transit line, and the channel of the Wandse river for local recreation.

TEAM 4A – WANDSESTADT. Die zentrale Entwurfsidee sieht vor, Verkehrsräume für Mensch und Natur zurückzugewinnen. Die Voraussetzungen sind durch Verbindungen zum Wandsetal hervorragend.

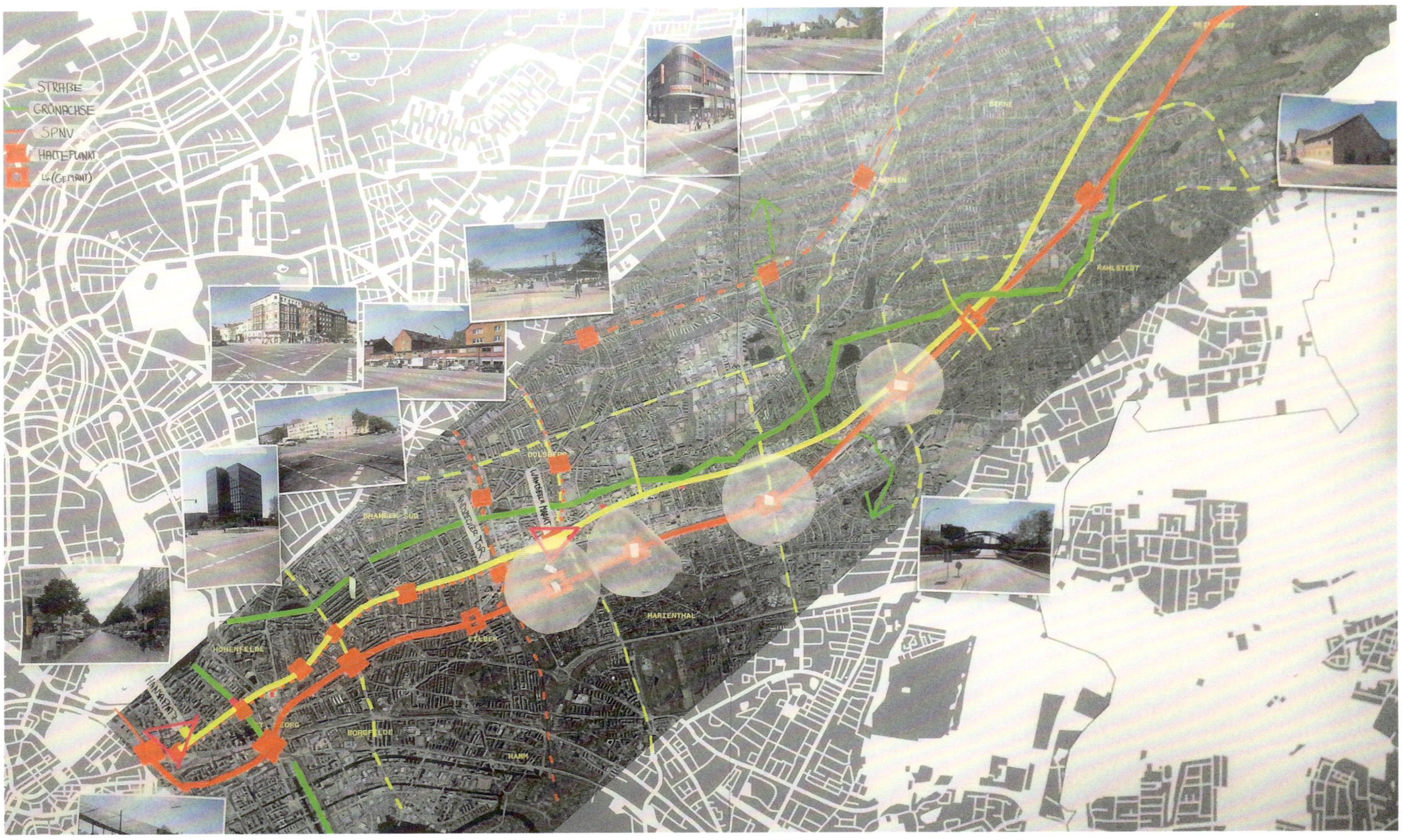

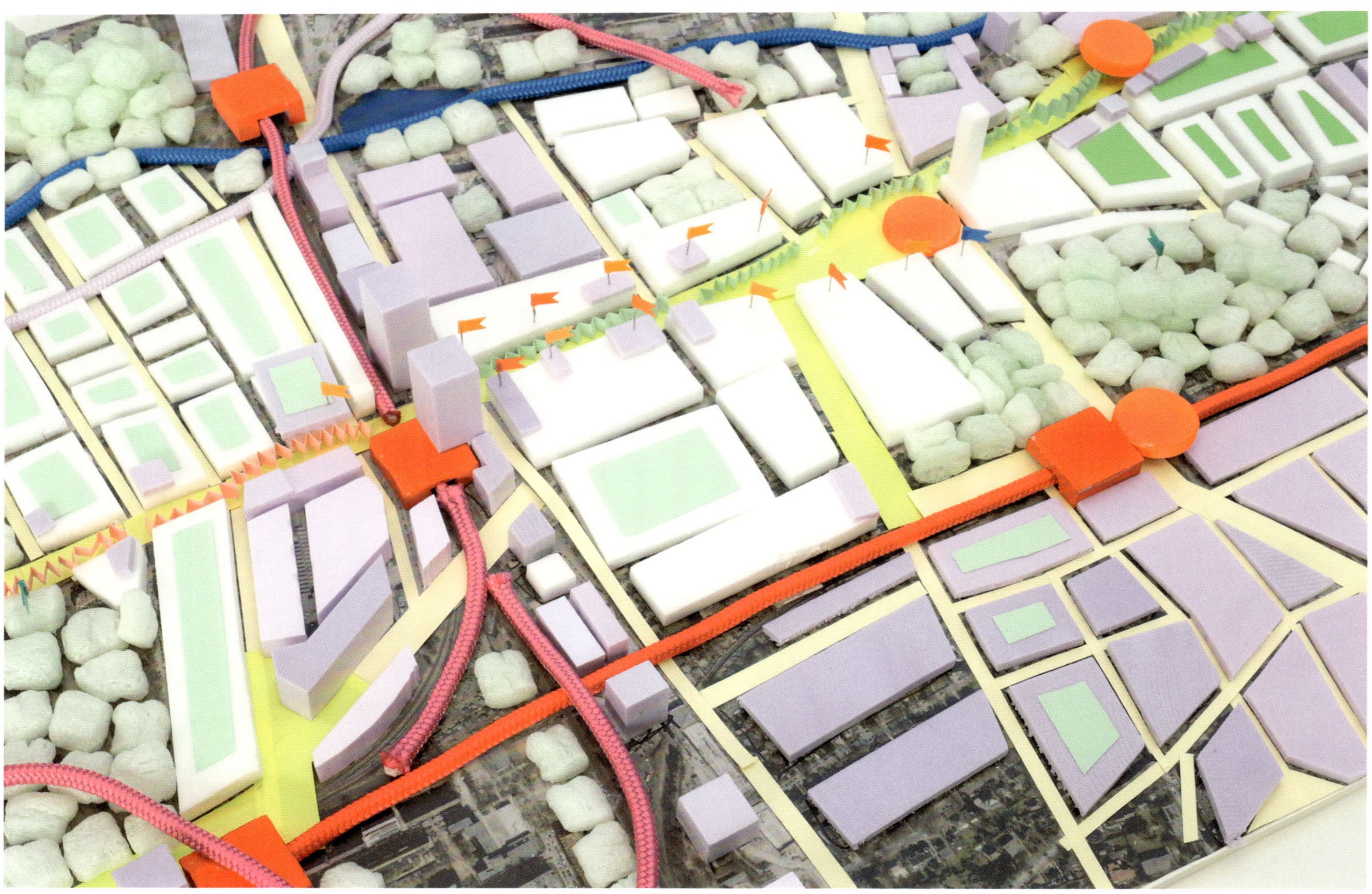

TEAM 4A — WANDSESTADT.

The central design idea envisages reclaiming traffic zones for people and nature. The preconditions are outstandingly good due to the connections to the course of the Wandse.

ANDRÉ POITIERS Architekt Stadtplaner RIBA (D); SMAQ Architektur und Stadt GmbH (D); Studio Schwitalla (D); Van de Wetering Atelier für Städtebau (CH); WES LandschaftsArchitektur (D); HafenCity Universität Hamburg; Behörde für Umwelt und Energie. Sebastian Clausen, Marsha Dinse, Roman Hanimann, Anna Kaschke, Michael Kaschke, Sabine Müller, Johannes Oldenburg, Cornelia Peters, André Poitiers, Andreas Quednau, Marius Schumann, Max Schwitalla, Maxie Strauch, Emilija Tolj, Han van de Wetering

Der grüne Flusslauf der Wandseachse, die Straße und der Schienenstrang (zukünftige S-Bahnlinie 4) geben für Team 4A in einer Art räumlichen Gebens und Nehmens den Rhythmus für den Magistralenraum vor. Das Ergebnis wird als „Wandsestadt" bezeichnet. Zentrale Entwurfsidee ist, Verkehrsräume für Mensch und Natur zurückzugewinnen. Der motorisierte Individualverkehr auf der Magistrale soll durchgängig auf zwei Spuren reduziert und um ein straßengebundenes, öffentliches Verkehrssystem ergänzt werden. Rund um die geplanten S-Bahn-Haltestellen entstehen neue Mobilitäts-Hubs, Verdichtungspotenziale (zum Beispiel am Bahnhof Tonndorf) sollen geprüft werden.

The green watercourse of the Wandse axis, the road and the railway track (future rapid transit line 4) provide Team 4A with the rhythm for the area of the Magistrale in a kind of spatial "give-and-take". The result is being called "Wandsestadt". The central design idea is the reclamction of traffic zones for people and nature. Motorised private transport along the Magistrale is to be reduced throughout to two lanes and supplemented by a road-based public transport system. New mobility hubs will be created around the planned rapid transit stops, and potential for intensification (e.g. Tonndorf station) is to be examined.

Links: Drei Bänder prägen den Magistralenraum: die Straße, der Fluss und die Bahngleise.
Rechts: Ein Teil des 10 Meter langen Arbeitsmodells von Team 4A

Left: Three ribbons characterise the area of the Magistrale: street, river, railway.
Right: A part of Team 4A's 10-metre working model

**Han van de Wetering,
Van de Wetering Atelier
für Städtebau (Zürich, CH)**

1. **Das Bauforum** war ein grandioses Erlebnis für mich: inspirierende Fachleute, perfekte Organisation, Gastfreundschaft mit Herz und Seele, die integrale Planung von Verkehr und Städtebau als Fachthema des 21. Jahrhunderts.

2. **Mich hat inspiriert,** dank der guten Themensetzung und weil das Format sich bestens eignet, komplexe Planungsthemen auf der öffentlichen Bühne vorwärts zu bringen.

3. **Bei unserem Vorschlag** war mir besonders wichtig, dass Teamwork Priorität hat. Die vielschichtige Aufgabe verlangt offene, inspirierende Mitwirkungsprozesse. Das 10 Meter lange Arbeitsmodell war Ausdruck davon. So entstehen innovative, tragfähige Lösungen!

Team 4A präsentiert die Ideen für den gesamten Magistralenraum in einem einzigen Modell im Maßstab 1:2000 als eine Art Catwalk.

Team 4A present their ideas for the whole area of the Magistrale to the people of Hamburg in a single model on a scale of 1:2000 as a kind of catwalk.

TEAM 4B – TRIPTYCH SYSTEM. Die parallelen linearen Strukturen der Magistrale werden aufgegriffen und daran neue Orte mit neuen Qualitäten definiert.

Ingrid Spengler,
Spengler Wiescholek Architekten Stadtplaner (Hamburg, D)

1. **Das Bauforum** bot die Chance, interdisziplinär einen „anderen Blick" auf die Stadt zu richten. Die Analyse zeigte Schichten und Potenziale im Umfeld der Magistralen, die banale Ausfallstraßen zum Möglichkeitsraum für eine komplexe Stadtentwicklung wandeln können.

2. **Mich hat inspiriert,** die Stadt auch jenseits der eigenen Bewusstseinsschärfung in gruppendynamischen Prozessen immer wieder neu zu erkunden. Der Zusammenklang von Schönem und Verstörendem macht den Organismus Stadt lebendig und einmalig.

3. **Bei unserem Vorschlag** für die Magistralenentwicklung war mir besonders wichtig, den Wandsbeker Markt von der Verkehrsinsel zurück in einen Marktplatz und ein „Wohnzimmer" der Bürgerinnen und Bürger zu verwandeln; ferner die vernachlässigten Nahverkehrsknoten als Potenzial für Dichte und ergänzende Nutzungen zu aktivieren.

BIWERMAU Architekten BDA (D); MattonOffice (A); modulorbeat (D); Spengler Wiescholek Architekten Stadtplaner (D); Studio Schwitalla (D); VOGT Landscape Architects (CH, F, GB); HafenCity Universität Hamburg; Bezirksamt Wandsbek. Laure Baretaud, Michael Biwer, Marc Günnewig, Martin Houska, Jan Kampshoff, Jenny Kari, Ton Matton, Thomas Mau, Karolin Möllmann, Pascal Brade, Sergey Prokofyev, Martin Schmitz, Martijn T. Slob, Ingrid Spengler, Günther Vogt, Manfred (Fredo) Wiescholek, Saskia Wolf

Team 4B betrachtet die Magistrale als ein „Triptych System" als dreiteiliges System. Für die bis zur Kreuzung des Wandsegrünzugs in Rahlstedt parallel verlaufenden linearen Strukturen der Magistrale, der Regional- und künftigen S-Bahnstrecke und des Flusslaufs der Wandse werden drei Orte exemplarisch untersucht: Der Knotenpunkt Sechslingspforte nahe der Alster wird zum „Grünen Boulevard". Der Wandsbeker Markt wird zu einem „Stadtteilwohnzimmer" befördert, das nicht mehr rundum durch den Verkehr isoliert ist, weil die Schloßstraße künftig nur noch für Lieferfahrzeuge geöffnet sein soll. Ein „Green Belt Crossing" schafft neue Rangordnungen – nicht das Flüsschen Rahlau ordnet sich der Magistrale unter, sondern Verkehr und Siedlungsentwicklung nehmen Rücksicht auf Grünzug und Gewässer.

Team 4B regards the Magistrale as a "Triptych System", a triple system, consisting of the Magistrale, the regional and future rapid transit railway line and the Wandse watercourse up to the point in Rahlstedt where the green corridor of the Wandse crosses it. Three locations are examined as examples to connect these structures: The Sechslingspforte junction near the Alster will be upgraded to become a "Green Boulevard", and the Wandsbeker Markt upgraded to a "Neighbourhood Living Room" that will no longer be an isolated island amid the traffic because in future only delivery vehicles will be allowed in Schlossstraße. A "Green Belt Crossing" creates new orders of priority – the Rahlau stream will no longer have to subordinate itself to the Magistrale. Instead, traffic and residential development will take green space and stretches of water into consideration.

TEAM 4B – TRIPTYCH SYSTEM. The parallel linear structures of the Magistrale are taken up, defining new places with new qualities along them.

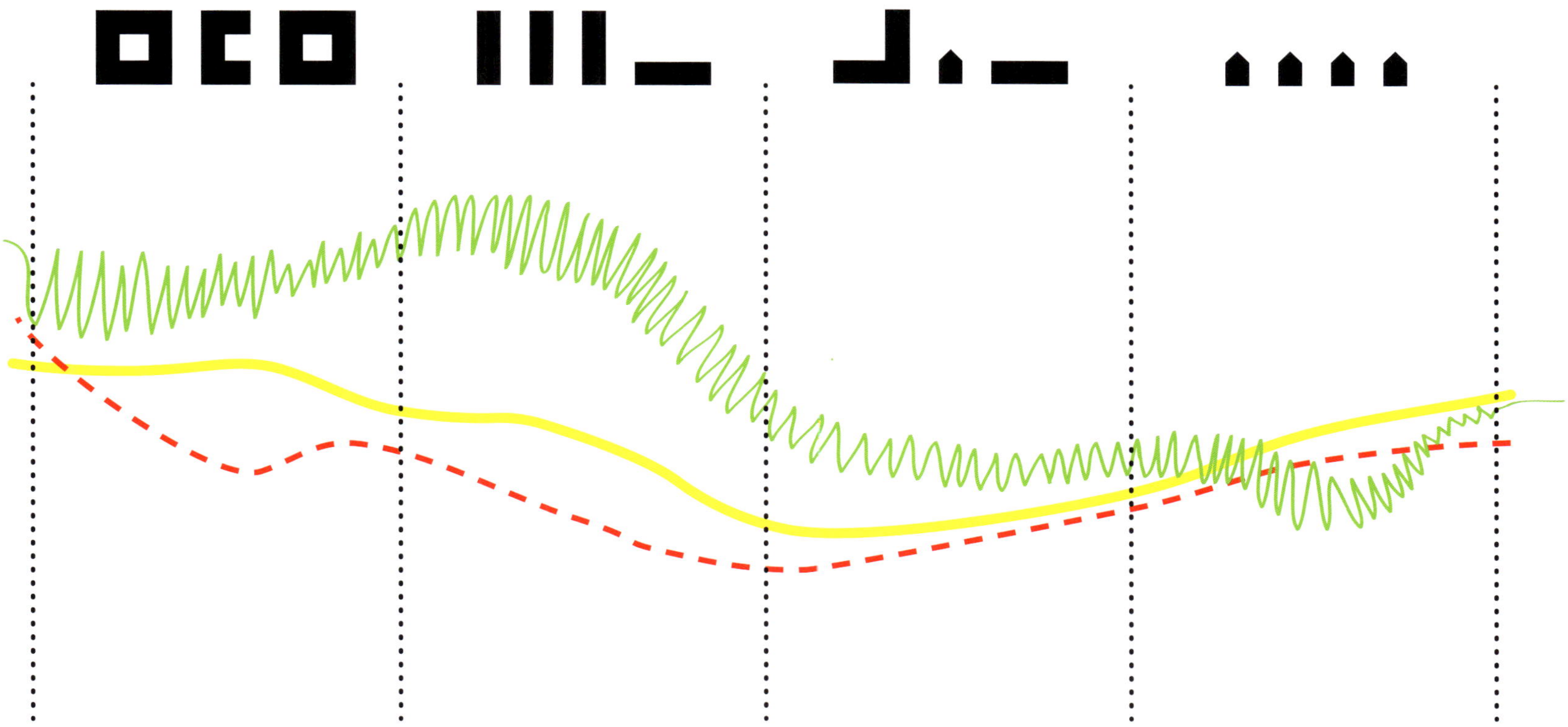

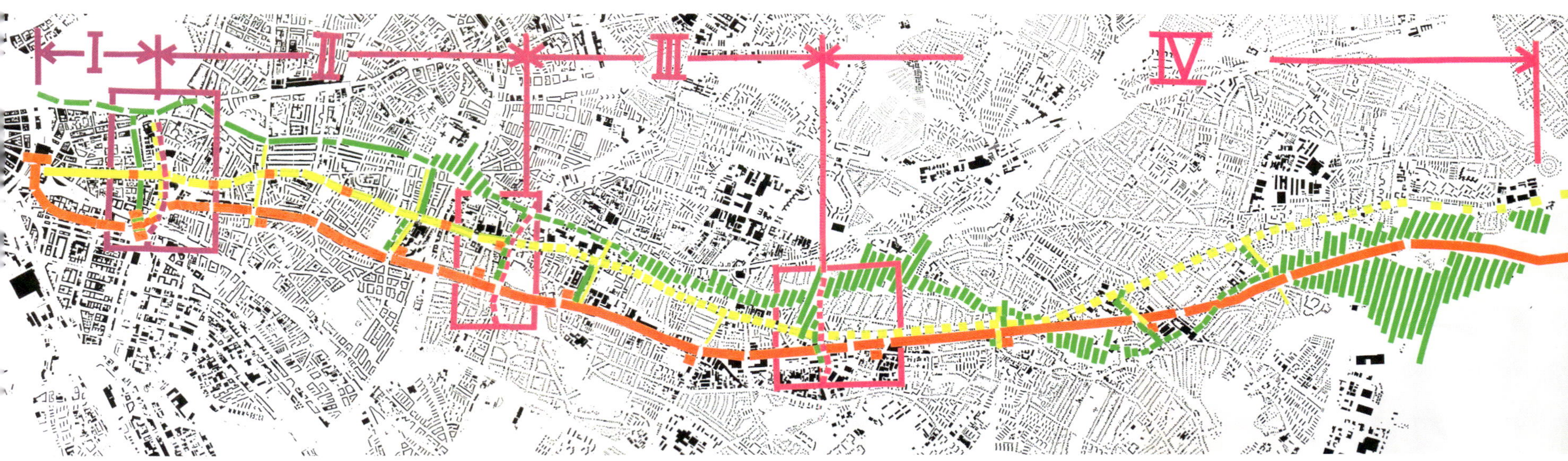

Oben: Das dreiteilige System besteht aus parallel verlaufenden linearen Strukturen der Magistrale, der Regional- und künftigen S-Bahnstrecke und des Flusslaufs der Wandse.
Unten: Typologien des Stadtbaugrundrisses der Magistralen

Above: The three-part system consists of the parallel linear structures of the Magistrale, the regional and future rapid transit railway line and the course of the river Wandse.
Below: Urban development plan typologies for the Magistralen

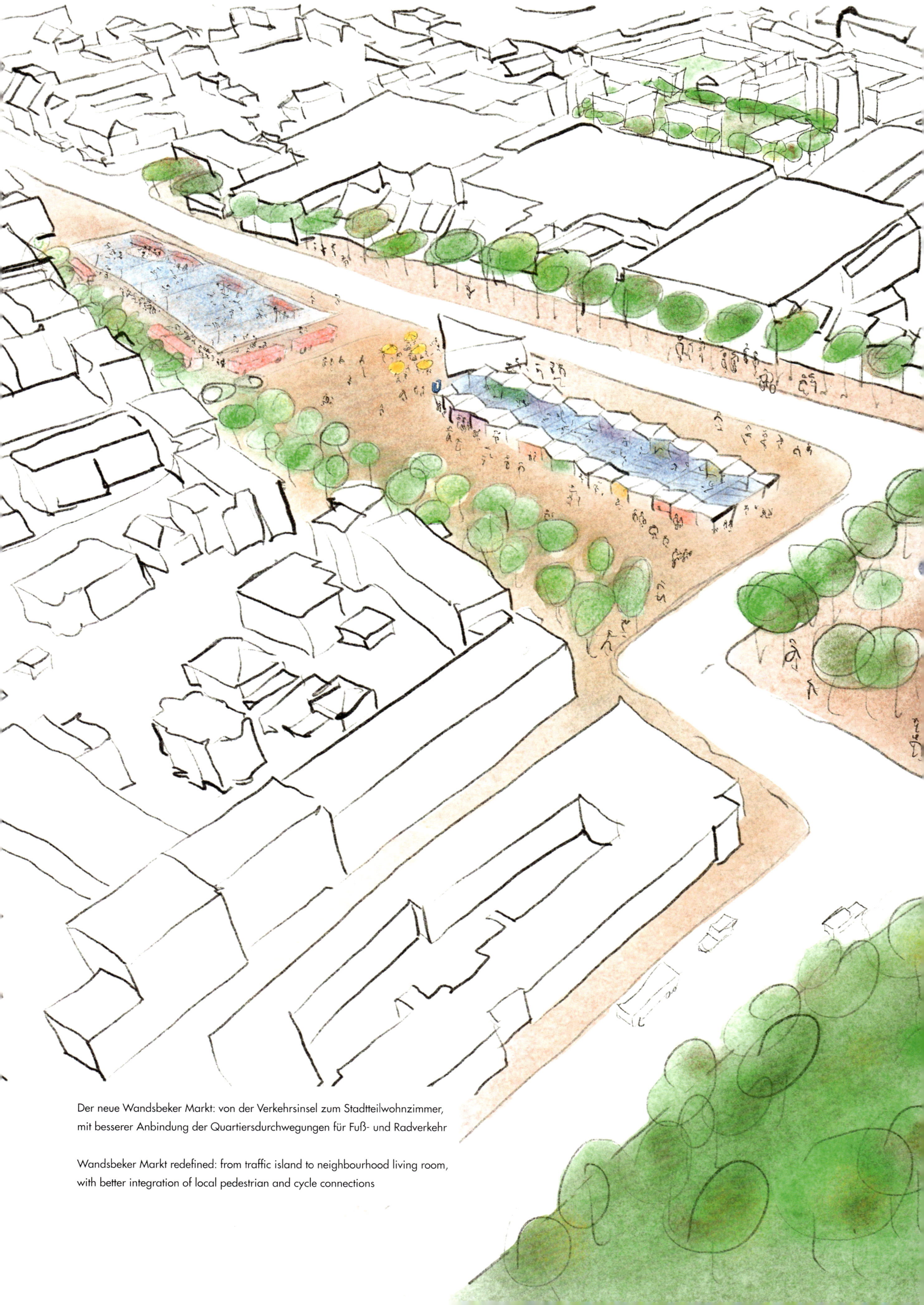

Der neue Wandsbeker Markt: von der Verkehrsinsel zum Stadtteilwohnzimmer, mit besserer Anbindung der Quartiersdurchwegungen für Fuß- und Radverkehr

Wandsbeker Markt redefined: from traffic island to neighbourhood living room, with better integration of local pedestrian and cycle connections

SECRET OF ICONS

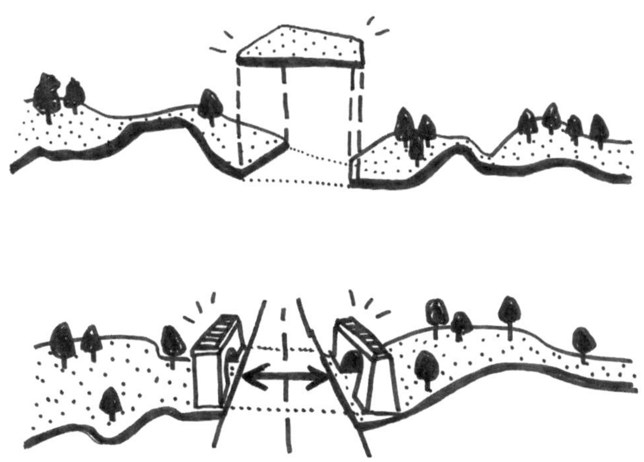

Team 3A: Repair and create gates.

Team 6A: If it's broke, just fix it!

Stadtentwicklungsprozesse haben eine eigene ikonografische Sprache entwickelt. Es sind nicht die Skizzen oder perspektivischen Zeichnungen der Architektinnen und Stadtplaner; es sind charmante kleine Botschafter, die sehr abstrakt konkret werden. Man nennt sie auch Icons. Ein Best-of der Bauforum-Teams!

Urban development processes have developed their own iconographic language. They are not the sketches or perspective drawings of the architects; they are charming little ambassadors that become concrete in a very abstract manner. They are also called icons. A "best of" from the Bauforum teams!

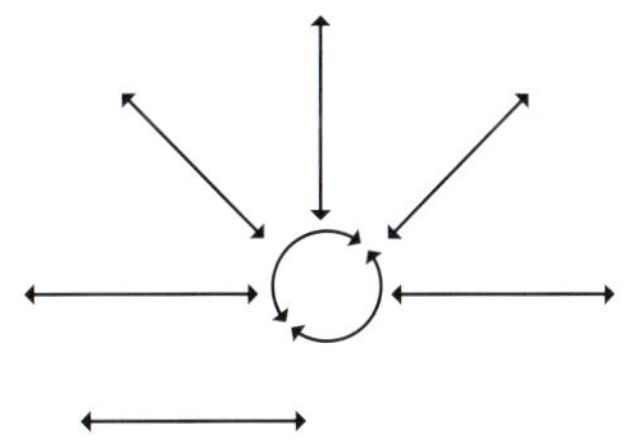

Team 1A: Linear idea of Magistralen …

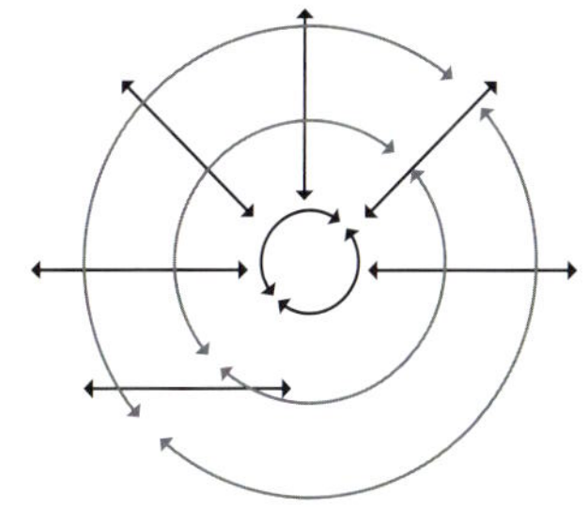

… connected by main road system …

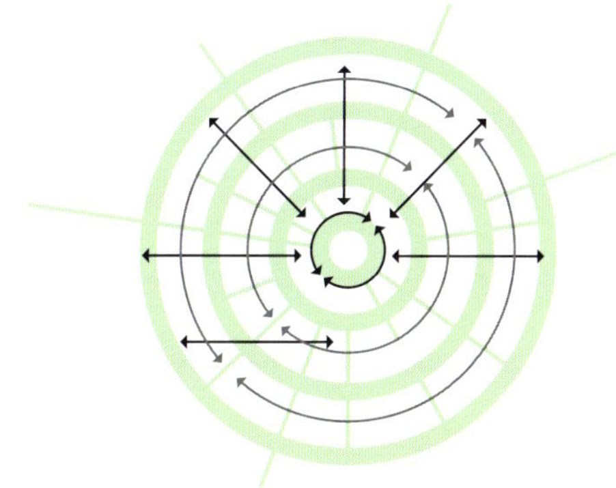

… and green corridors …

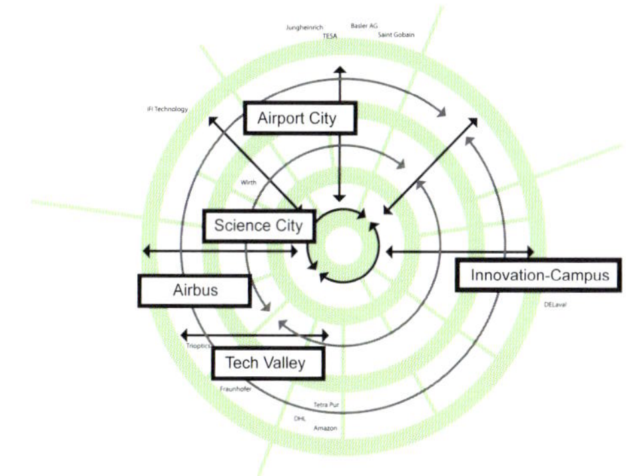

… are important for future city structure!

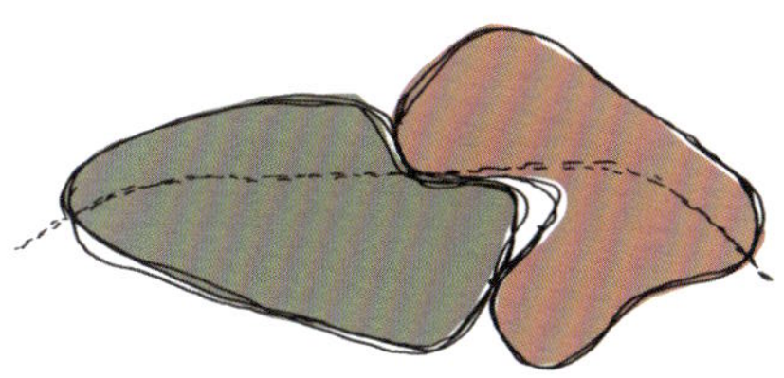

Team 6B: Living in amid nature/living in the city

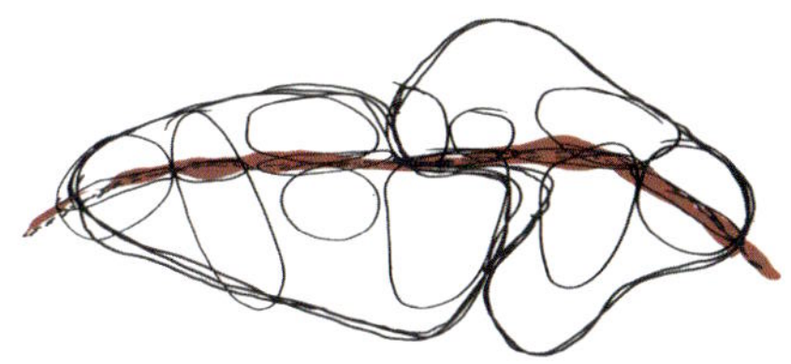

Local testbeds, urban laboratory, innovation along the Magistrale

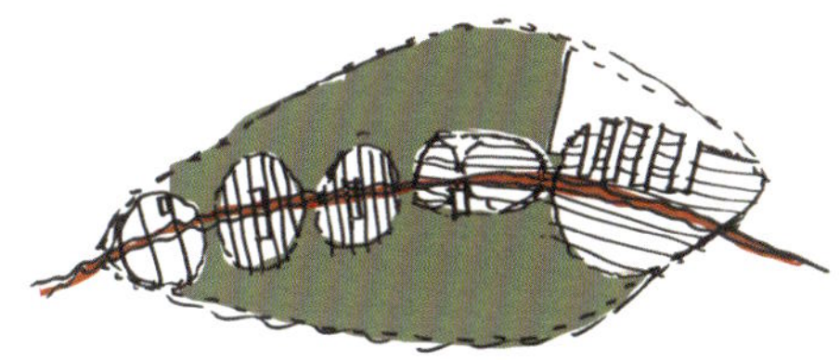

Diversity

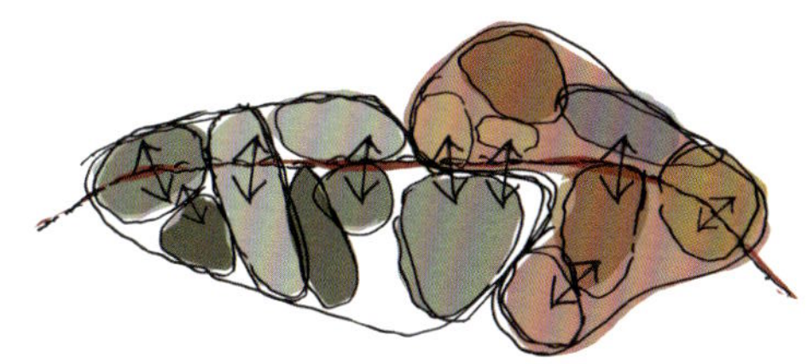

Connections and synergies between the variety of neighbourhoods and landscapes

Team 2A: Reduce the speed

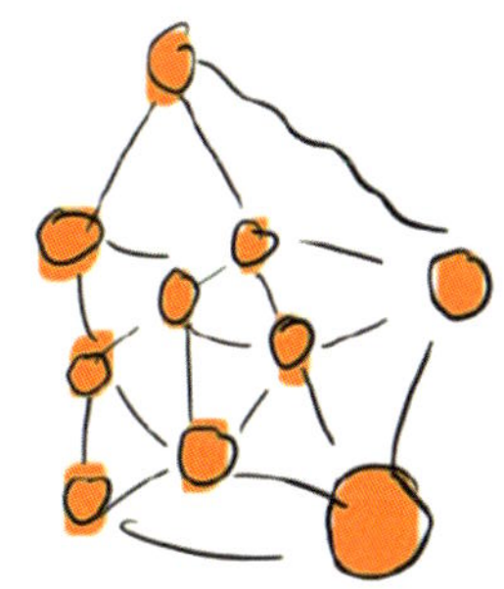

Enhance de-centralization

Flatten the peak-hours

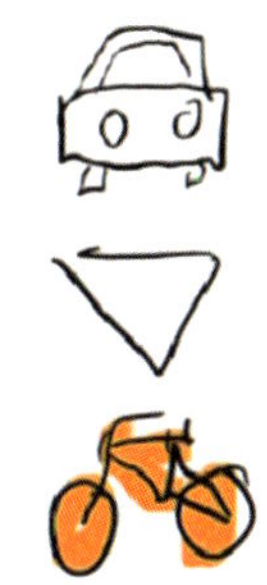

Move to other shifts

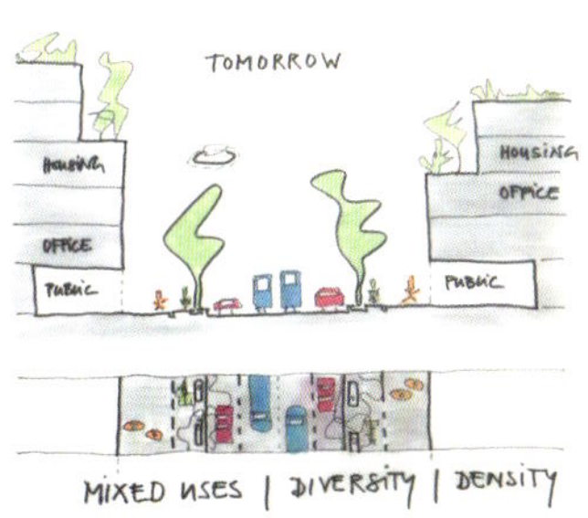

Team 1A: Mixed and flexible with multiple mobility options

Garden city

Gables and lanes

High street city

PUT PEOPLE FIRST!

Wichtige Verkehrsverbindung zwischen Umland und Zentrum sowie Lebensraum von 140.000 Hamburgerinnen und Hamburgern – wie können die Magistralen diesen unterschiedlichen Bedürfnissen gerecht werden? Die Antwort liegt auf der Hand: immer zuerst an die Bedürfnisse der Menschen denken – *Put People First!*

Location of important transport links between the surrounding area and the city centre and home to 140,000 Hamburg residents – how can the Magistralen do justice to these different needs? The answer is obvious: always think of people's needs first – *Put People First!*

HEUTE TODAY

Der Autoverkehr verhindert und erschwert alle Aktivitäten. Er gefährdet die Klimawende! Das soll sich ändern – ein zentrales Anliegen des 7. Hamburger Bauforums!

Car traffic prevents and makes all activities difficult. It increases the danger of climate change! That should change – a central concern of the 7th Hamburg Bauforum!

MORGEN TOMORROW

Die Fußgänger- und Radfahrerperspektive soll das Maß aller Dinge sein, entsprechend werden für sie Verbindungen ausgebaut und reizvolle Ziele im Umfeld angebunden.

The pedestrian and cyclist perspective should be the measure of all things, and connections will be expanded accordingly and attractive destinations in the area connected.

Come here!
Aaaaaaah!

Take a seat!
Wow!
Green
Let´s wait here...

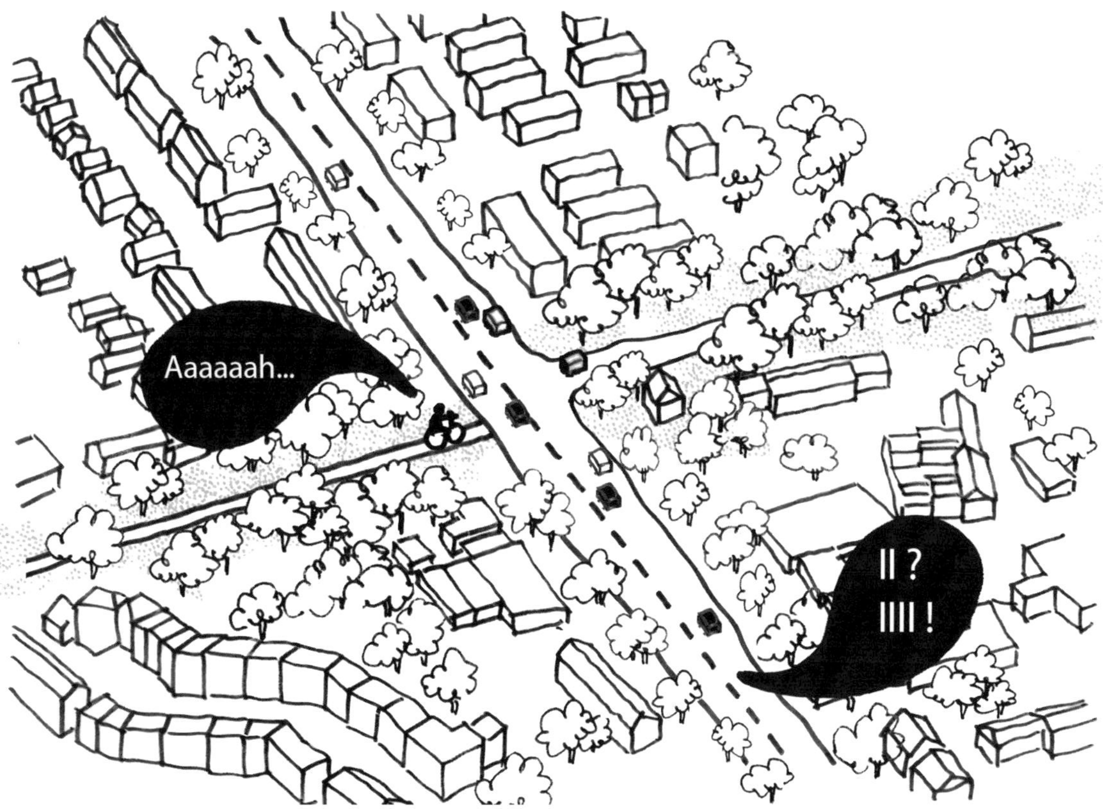
Aaaaaah...
II ?
IIII !

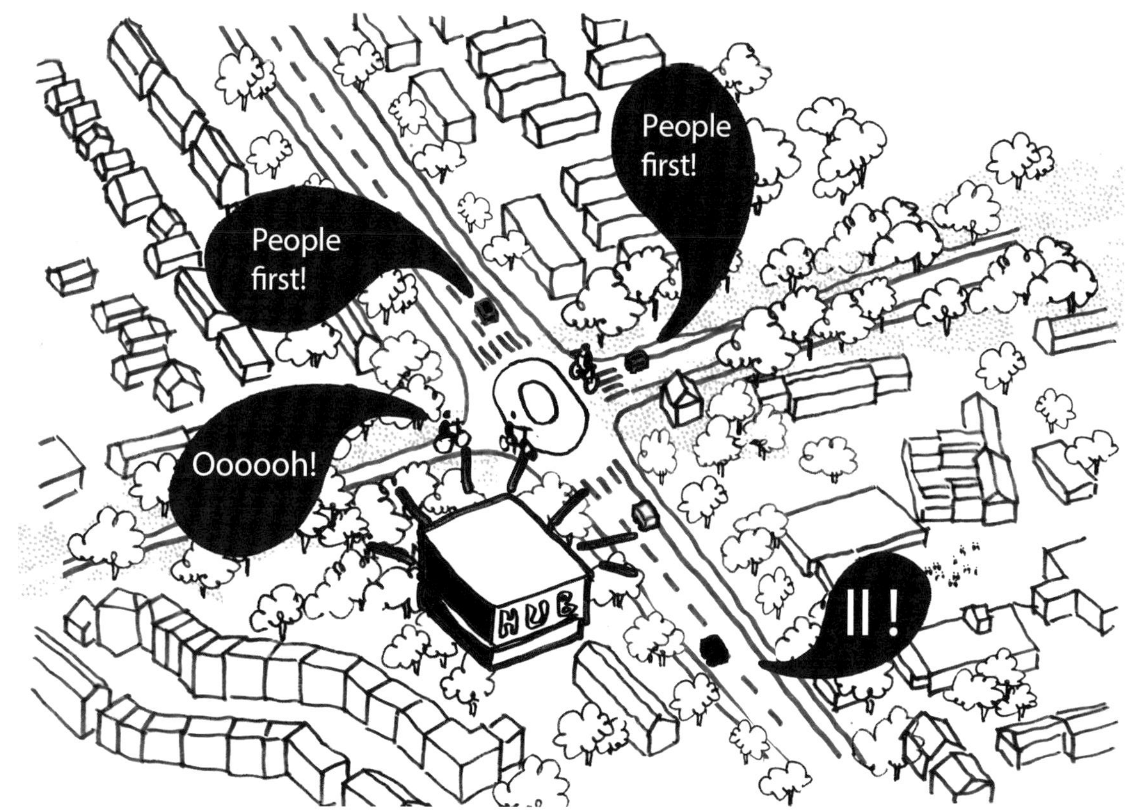
People first!
People first!
Oooooh!
II !

KIOSK

GO SOUTH-EAST

SPALDINGSTRASSE/NORDKANALSTRASSE – ROTHENHAUSCHAUSSEE, 20,5 KM

Als östlicher Teil der wichtigsten Hamburger Ost-West-Querung verbindet die Magistrale 5 Hamburgs Innenstadt über mehr als 20 Kilometer mit der ehemaligen holsteinischen Landstadt Bergedorf. Große Teile wurden sehr früh als Stadtautobahn ausgebaut. Mindestens drei unterschiedliche Abschnitte, die zusammen betrachtet das typische Bild der Stadtlandschaft Hamburgs charakterisieren, werden erfahren: Aus der Innenstadt (Deichtorplatz) fädelt diese Magistrale unvermittelt in das ehemals stark kriegszerstörte östliche Hamburg (Hamm, Billbrook und angrenzende Stadtteile) ein. Und nach der Passage durch ein anbaufreies Gebiet mit weitem Blick in die Landschaft erreicht man den historischen Stadtkern Bergedorfs. Im Süden liegen die Vier- und Marschlande, der größte landwirtschaftliche und nutzgärtnerische Teil Hamburgs mit immer noch authentischen Dorfteilen – eine andere Welt, das Land im Stadtstaat.

As the eastern section of Hamburg's most important east-west cross-route, Magistrale 5 connects Hamburg's city centre with the former Holstein country town of Bergedorf over a length of more than 20 kilometres. Large parts of it were developed as urban motorways at a very early stage. At least three different sections (which, when taken together, characterise the typical picture of Hamburg's urban landscape) will be experienced: Immediately after the city centre (Deichtorplatz), this Magistrale threads its way through the eastern part of Hamburg, heavily destroyed in World War II (Hamm, Billbrook and neighbouring areas). After traversing a non-developed area offering extensive views of the countryside, one reaches the historical town centre of Bergedorf. To the south are the Vier- und Marschlande, the largest agricultural and horticultural part of Hamburg, which still retains authentic village areas – a different world: the countryside within the city-state.

TEAM 5A – VON DER MAGISTRALE ZUR DIVERSISTRALE.

Das Ziel ist, die ausschließliche Ausrichtung auf das Automobil zu brechen, die Magistrale entsprechend umzubauen und neue Stadtbausteine anzudocken.

TEAM 5A – FROM MAGISTRALE TO DIVERSISTRALE.

The goal is to break out of the exclusive orientation towards the car, to rebuild the Magistrale appropriately whilst docking new city modules onto them.

cga: czerner göttsch architekten (D); Octagon Architekturkollektiv (D); PALMBOUT Urban Landscapes bv (NL); team red (D); Winking Froh Architekten GmbH (D), HafenCity Universität Hamburg; Bezirksamt Bergedorf. Adanna Czerner, Alexandra Czerner, Henry Fenzlein, Martin Froh, Jürgen Göttsch, Julia Köpper, Duc Le, Ruud van Leeuwen, Julian Maurer, Marcel van der Meijs, Nicolas Perdomi, Bodo Schwieger, Andrea Stahl, Philip Stape , Stefan Waselowsky

Team 5A möchte die Magistrale diversifizieren, also den Straßenraum durch neue Straßenquerschnitte und Fahrstreifen zum Vorteil der Fahrradfahrer und Fußgänger neu bewerten. Die U4 soll nach Bergedorf, der Billbrookkanal als neuer Wasserweg für die Freizeit und den Nahverkehr nach Billstedt verlängert werden. Mit einer neuen Verkehrsführung wird der Durchgangsverkehr aus der künftigen „Bergestadt" herausgenommen und zur Autobahn geleitet. Das spezielle topografische Thema Hamburgs ist der Gegensatz von hochwassergefährdeter Marsch (agrarisch genutzt, später oft Hafengebiet) und der höher liegenden Geestkante (wo die Hamburgerinnen und Hamburger sich permanent aufhalten und leben). Dieser signifikante Niveausprung im Gelände wird mit dieser Arbeit neu bewertet. Es werden neue Sicht- und Raumbezüge in das offene Land und angrenzende Quartiere und Gebiete geschaffen.

Team 5A wants to diversify the Magistrale: to reassess the roads de environment through new road cross-sections and traffic lanes for the benefit of cyclists and pedestrians. The U4 underground line would be extended to Bergedorf and the Billbrookkanal would become a new leisure and local transport waterway reaching as far as Billstedt. New traffic routing would remove through traffic from the future "Bergestadt" and divert it to the motorway. Hamburg's special topographical theme is the contrast between the flood-prone marshland (farmed and later often part of the port) and the edge of "higher geest" (where Hamburg's people reside and live). This significant change of elevation in the terrain is reassessed in this work, thus creating new visual and spatial references to the open country and adjacent neighbourhoods.

Die Magistrale 5 ist mehr als eine große Straße. Sie führt durch einen interessanten Landschaftskorridor, dessen Qualitäten von der Magistrale aus erfahrbar sind – natürlich auch mit dem Rad!

Magistrale 5 is more than a major road. It also leads through an interesting landscape corridor whose qualities can be experienced from the Magistrale – naturally, this can also be done on a bicycle!

Marcel van der Meijs, PALMBOUT Urban Landscapes bv (Rotterdam, NL)

1. **The Magistrale** is a section of the city that combines large-scale city development with local and specific needs. The intense 3 days of getting to know this crossline was an inspiring way to get a better understanding of Hamburg and to work to produce a more connected and greener city.

2. **The participation** has inspired me, not to champion infrastructure, but to reshape with sensibility. Finding alternative means of transport creates possibilities for urban development at large. We worked on strengthening local centres such as Bergedorf by looking differently at mobility.

3. **In my team's approach** for a future Magistralen development, it was particularly important to rethink the traffic-system with a focus on an urban infrastructure with diverse functions and create possibilities for cross-relations. We showcased the integral spatial development of infrastructure – also strengthening neighbourhoods, especially Bergedorf.

Links: Ein neuer Stadtbaustein – das „Kanalviertel Horner Marsch“
Rechts: Die „Diversistrale“. Der Genius Loci der amphibischen Landschaft zwischen Strom und Geest bestimmt die Art des Siedelns und die Lage neuer Stadtbausteine, im Hintergrund die Elbphilharmonie.

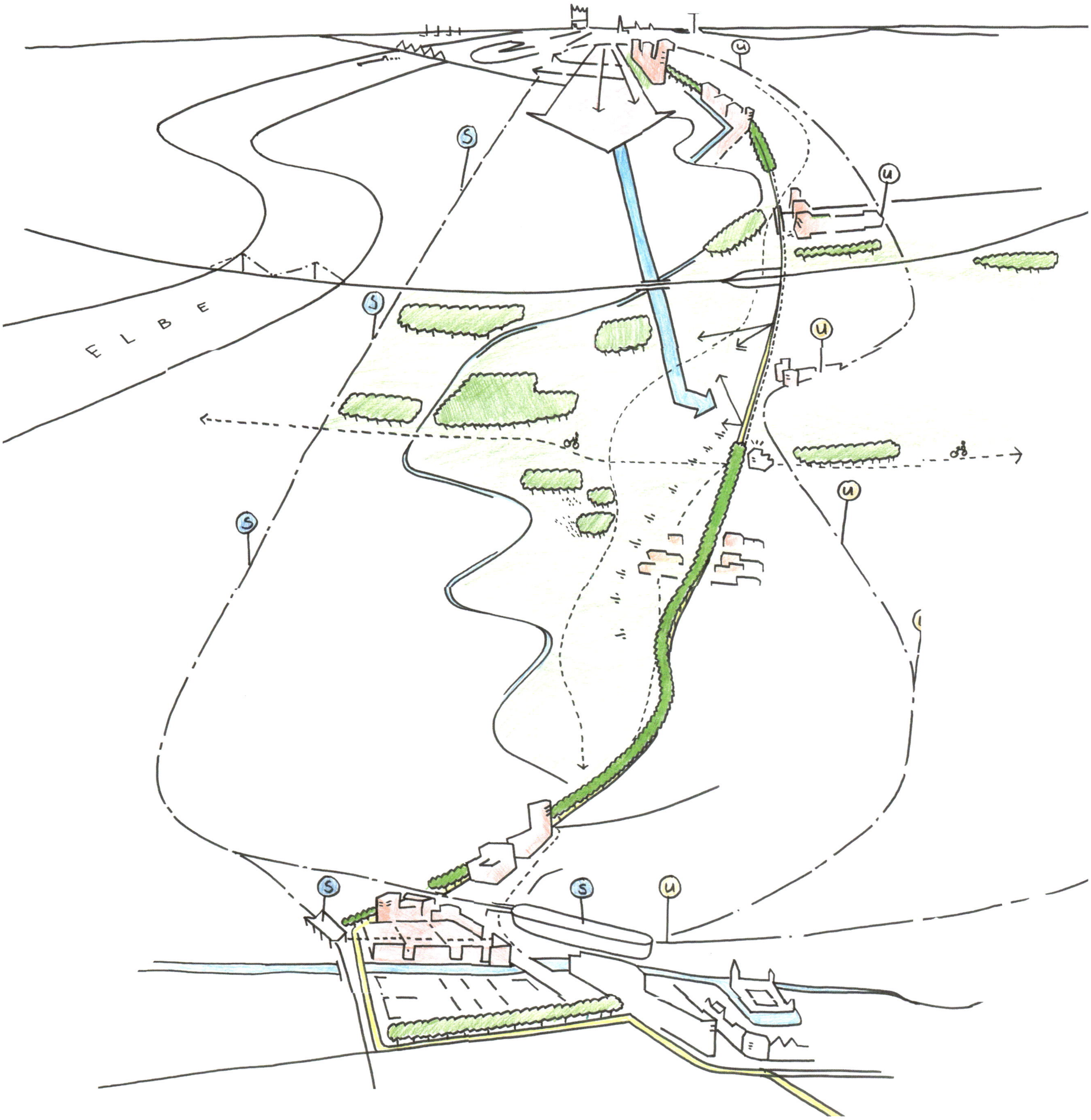

Left: New city module – "Kanalviertel Horner Marsch"
Right: The "Diversistrale". The *genius loci* of the amphibian landscape between the river and the geest determines the kind of settlement and the position of new city modules, in the background, the Elbphilharmonie.

TEAM 5B – MEHRWERTTAL MIT VIEL GRÜN.
Stadtentwicklung soll nicht nur an den Rändern des Magistralenraums stattfinden, sondern von den anliegenden Räumen ausgehen.

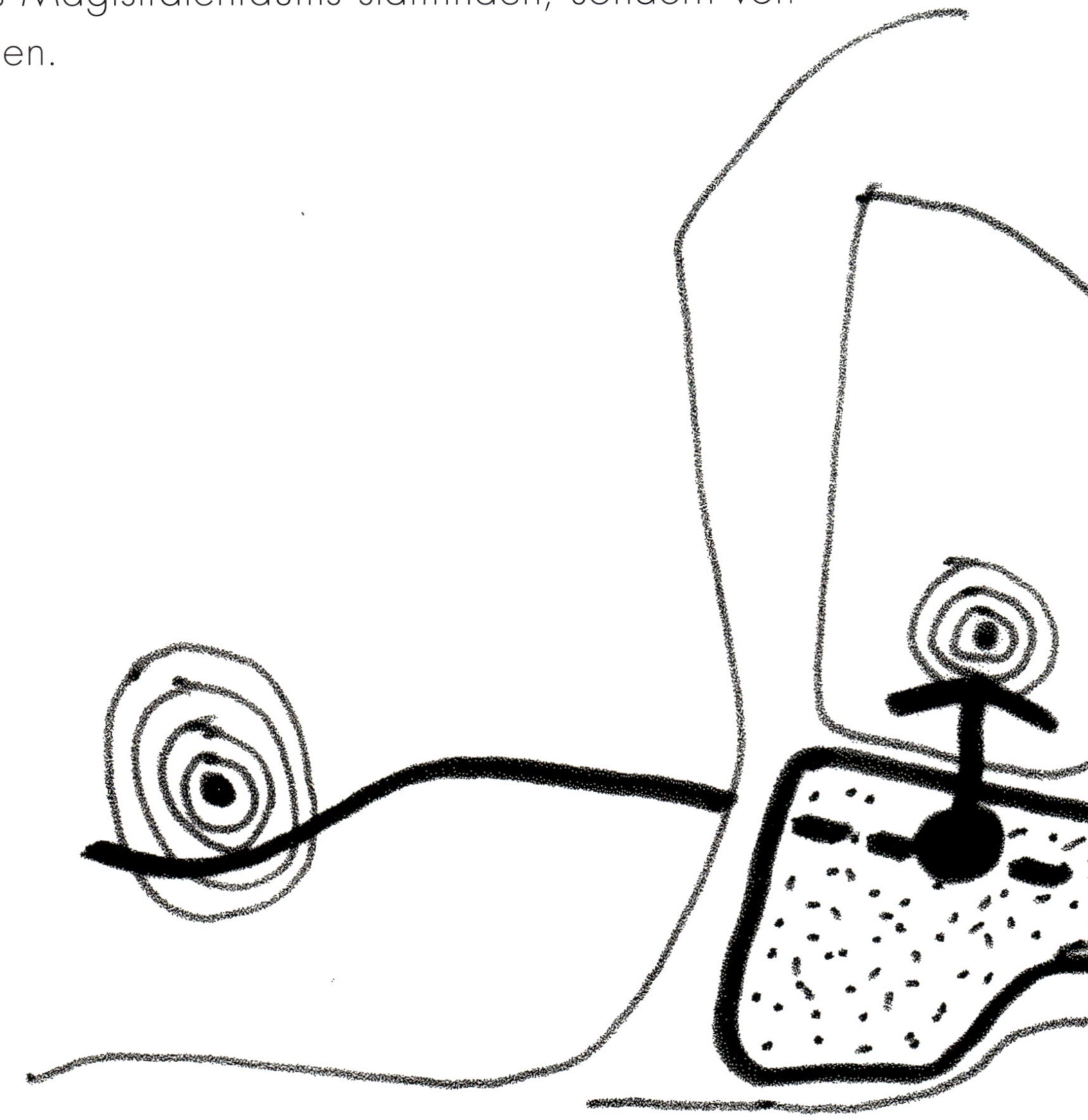

Karin Renner,
RENNER HAINKE WIRTH ZIRN ARCHITEKTEN GMBH (Hamburg, D)

1. **Das Bauforum** war ein besonderes Erlebnis für uns, weil das Thema der Magistralen und der Verkehrspolitik für Hamburg so unendlich notwendig ist! Wir konnten in der besonderen Atmosphäre spannende neue Gedanken mit anderen Disziplinen austauschen.

2. **Es hat mich inspiriert,** weil kreative Menschen aus aller Welt zu Gast in Hamburg waren, sowohl in den Teams als auch im Vortragsprogramm. Das interdisziplinäre Arbeiten in unserem ungewöhnlichen Team hat uns gemeinsam den Horizont erweitern lassen.

3. **Bei unserem Vorschlag** für die Magistralenentwicklung war mir besonders wichtig, dass wir die spezifischen Orte erkennen und neue urbane Potenziale heben können, die bislang noch undenkbar erscheinen – das Trennende mit neuen Vernetzungen überwinden, Charaktere stärken und die Besonderheit des Geestrückens und der Marschlandschaft bewahren!

Die zu schaffenden Mehrwerte sind neue Freizeitqualitäten und Mobilitätsangebote, ein verbesserter Klimaschutz und eine Adressbildung, die durch eine optimale Ausarbeitung der städtebaulichen Spezifika erreicht wird. Drei Abschnitte sind definiert: 1. der innerstädtische „Boulevard"; 2. die „Parklane" als die Verbindung zwischen dem Innenstadtbereich und Bergedorf; 3. die „Stadtstraße" als Passage durch Bergedorf. An der „Parklane" werden angrenzende Quartiere wie die Großwohnsiedlungen Mümmelmannsberg oder Billstedt mit den gegenüberliegenden Natur- und Grünräumen verbunden. Zur Verkehrsentlastung wird eine Verlängerung der U-Bahn-Linie 4 bis nach Bergedorf vorgeschlagen. Die Weiterentwicklung des Industriegebiets Billbrook nimmt das Thema der City-Logistik auf: Sogenannte City-Depots sollen über neue Verkehrswege für das Rad (Cargo-Bikes) und das reanimierte Kanalnetz (Wassertaxis) Waren umweltfreundlich in die Stadt verteilen.

The added value factors to be delivered are: new leisure qualities and mobility options, improved climate care and the creation of attractive addresses, to be achieved through better elaboration of specific urban development characteristics. Three sections are defined: 1. the inner-city "Boulevard", 2. "Parklane" as the connection between the inner-city and Bergedorf and 3. "Stadtstraße" as a passage through Bergedorf. Along "Parklane", adjoining neighbourhoods such as the large Mümmelmannsberg housing estate and Billstedt will be connected to the natural areas and green spaces opposite. To relieve traffic, an extension of underground line 4 to Bergedorf is proposed. The further development of the Billbrook industrial estate takes up the theme of city logistics: so-called City Depots will distribute goods into the city in an environmentally friendly manner via new traffic routes for bicycles (cargo bikes) and the reactivated canal network (water taxis).

TEAM 5B – ADDED VALUE VALLEY WITH LOTS OF GREEN.

Urban development should no longer happen solely at the periphery of the Magistrale; it should begin with the adjacent areas.

berchtoldkrass space&options (D); BUUR (B); Code for Hamburg e.V. (D); LA'KET ARCHITEKTEN GMBH (D); RENNER HAINKE WIRTH ZIRN ARCHITEKTEN GMBH (D); team red (D); HafenCity Universität Hamburg; Bezirksamt Hamburg Mitte. Jeroen Camerlinckx, Jan Hamerlinck, Maximilian Heinrich, Tim Kettler, Philipp Krass, David Lagemann, Timo Lundelius, Enric Mas, Michael Mathe, Saskia Niklas, Davidel Raluca, Karin Renner, Michél Slottag, Stefan Wirth, Melanie Zirn

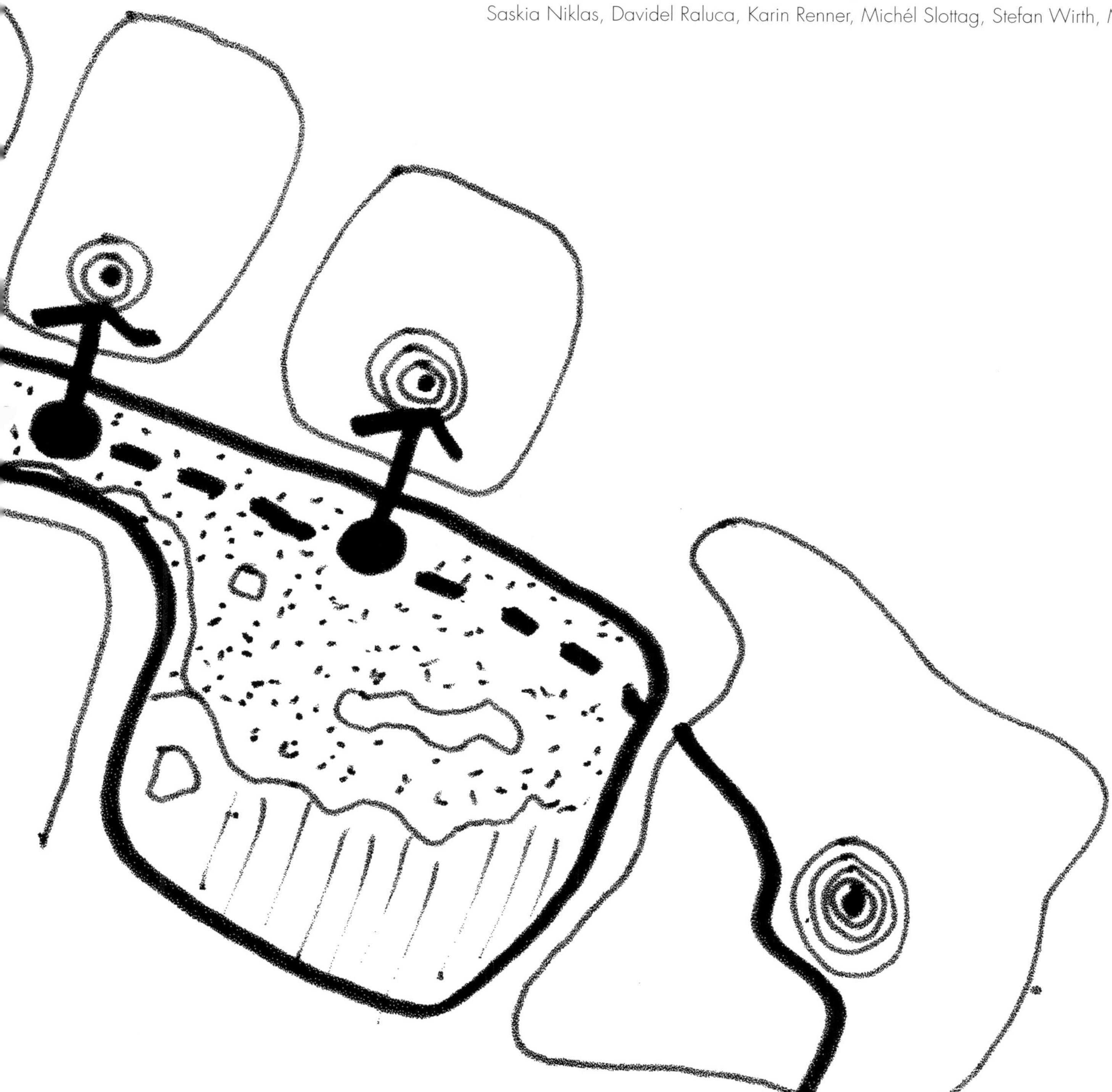

Drei Abschnitte sind definiert. Links: der innerstädtische „Boulevard"; Mitte: die „Parklane" als Verbindung zwischen Innenstadtbereich und Bergedorf; rechts: die „Stadtstraße"

Three sections have been defined. Left: the inner-city "Boulevard"; centre: "Parklane" linking the inner-city area with Bergedorf; right: "Stadtstraße" (passage through Bergedorf)

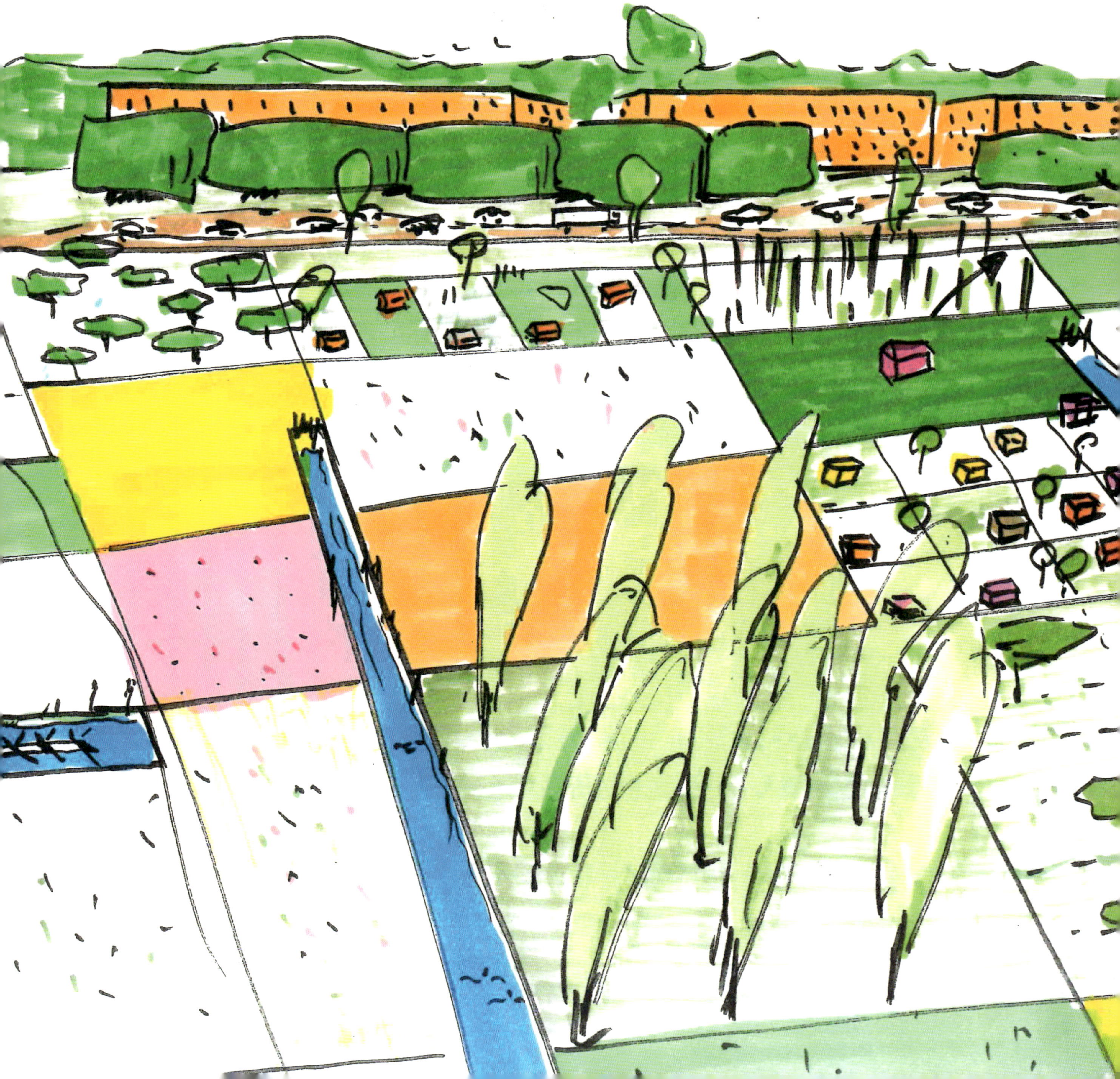

Die neuen Vorgärten der Magistrale: die „Bill Gardens" als Kleingarten-Patchwork für eine neue Freiraumkultur

A patchwork of allotments and small gardens generates a new culture of open space: "Bill Gardens"

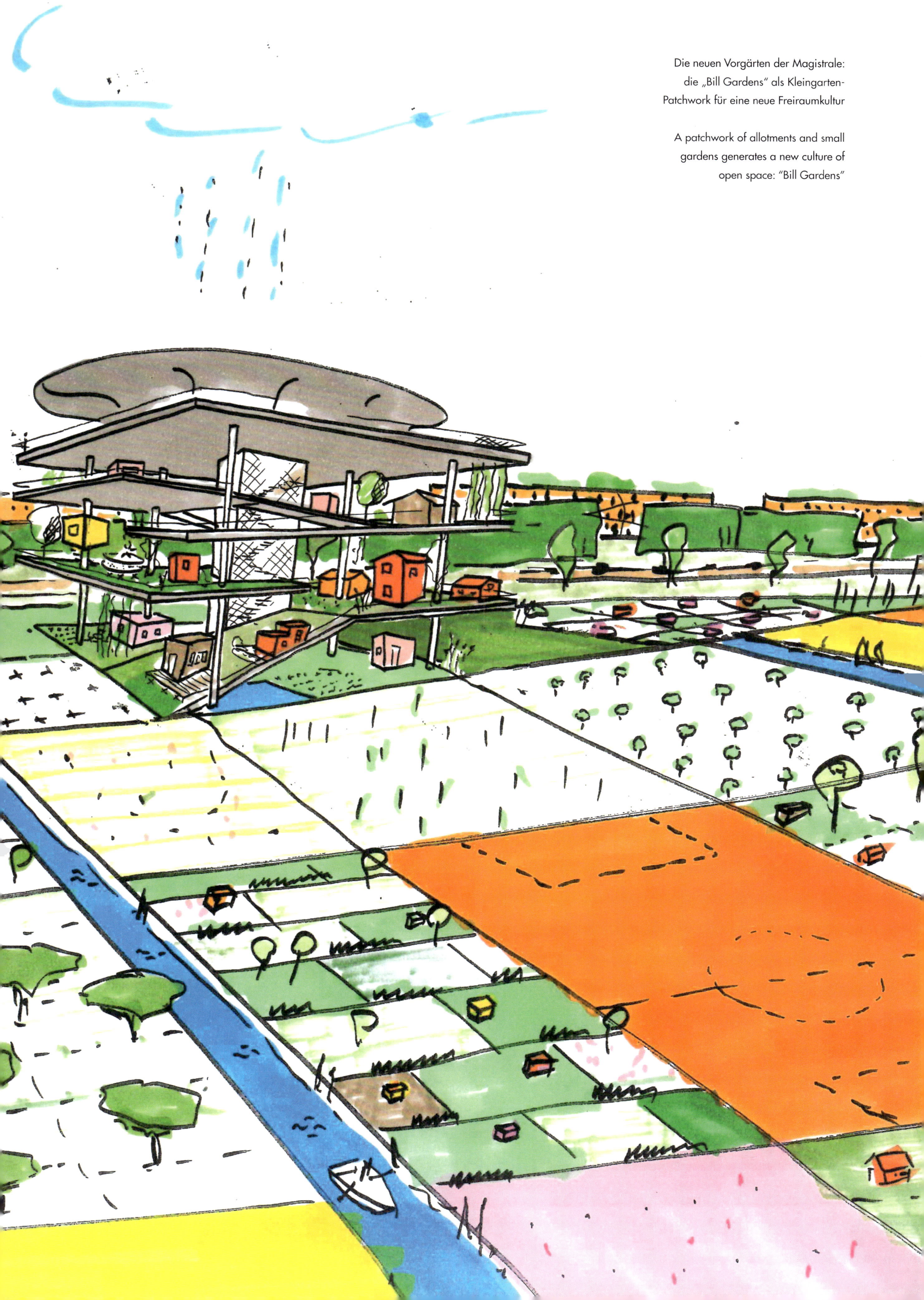

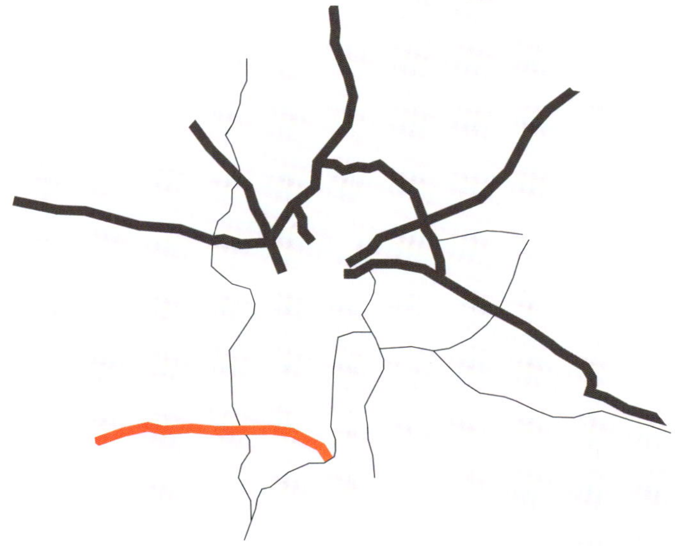

GO SOUTH-WEST

HANNOVERSCHE STRASSE – CUXHAVENER STRASSE (B 73), 12,8 KM

Zwischen Marsch und Geest, vom Harburger Hafen bis zur Heidelandschaft an der Stadtgrenze, führt die Magistrale 6 vorbei an Industrieanlagen und Naturschutzgebieten, Fachwerkhäusern und Hochhaussiedlungen. Nahe der vielbefahrenen Pendlerstrecke entstehen große neue Wohngebiete – und eine neue Autobahn. Diese bietet die strukturelle Chance, die Magistrale zu entlasten und von einer Bundesstraße zu einer Stadtstraße umzugestalten.

Running between the geest and the marshes, from the Port of Harburg to the heathland at the city boundaries, Magistrale 6 leads us past industrial plants and nature reserves, half-timbered houses and high-rise developments. Large new residential areas are being developed near to this heavily-used commuter route – along with a new motorway. The latter offers a structural opportunity to take the pressure off the Magistrale and convert it from a trunk road to an urban street.

TEAM 6A – DIE VERGESSENE STRASSE. Diese Magistrale soll wieder zur Lifeline der anliegenden Stadträume werden und die verschiedenen Gesichter und die Identitäten der Magistrale freilegen.

Julie Buschardt, urban creators (Nordhavn, DK), and Team

1. The Bauforum was a remarkable experience for me because it was exciting, inspiring and sensational to be part of such an ambitious setup.

2. The participation has inspired me to reach out to some of the other participants afterwards, to see if more collaboration could come out of this across Europe.

3. In my team's approach for a future Magistralen development, it was particularly important to me that we should address the local qualities and how they could be enforced by an overall strategy. It was also important to create sustainable mobility by giving more space to bikes and shared transportation.

Die Identitäten dieser Magistrale wechseln und besitzen eine Hierarchie: Unter „globale Identität" ist die Kreuzung zur A 7 im weltweit bekannten Hamburger Überseehafen einzuordnen. Die Schnittstelle zwischen dem Harburger Hafen und der Harburger Altstadt besitzt regionale Ausstrahlungskraft. Dazu existieren lokale Quartiersbilder in Neugraben und Neuwiedenthal. Die Trasse der B 73 hat hohe Trennungsschärfen entwickelt. Sie müssen gemindert werden, damit nördlich davon ein neuer Stadtteil heranwachsen und an Harburgs Stadtzentrum angebunden werden kann. Im weiteren Verlauf der B 73 könnte ein großer Mobilitäts-Hub an der Kreuzung mit der A 7 entstehen, in dem Lieferverkehre für den Süderelberaum gebündelt aufgenommen werden. Das Zentrum Neugraben (Marktpassage) wird strukturell und städtebaulich gestärkt.

The identities of this Magistrale change and have a hierarchy: The interchange with the A 7 motorway in Hamburg's world-famous Überseehafen can be classified as "global identity". The interface between the Port of Harburg and Harburg's Old Town has regional charisma. And then there are local identities in Neugraben and Neuwiedenthal. The route of the B 73 has developed a high capacity to separate the area. This needs to be reduced so that a new district can grow up to the north of it and be linked to the town of Harburg. Further along the B 73, a large mobility hub could be created at the junction with the A 7, where delivery traffic for the southern Elbe region could be brought together. The structure and urban development of the centre of Neugraben (Marktpassage) will be strengthened.

TEAM 6A – THE FORGOTTEN STREET. This Magistrale is to become the lifeline of the adjacent urban areas once more, revealing the different faces and identities of the Magistrale.

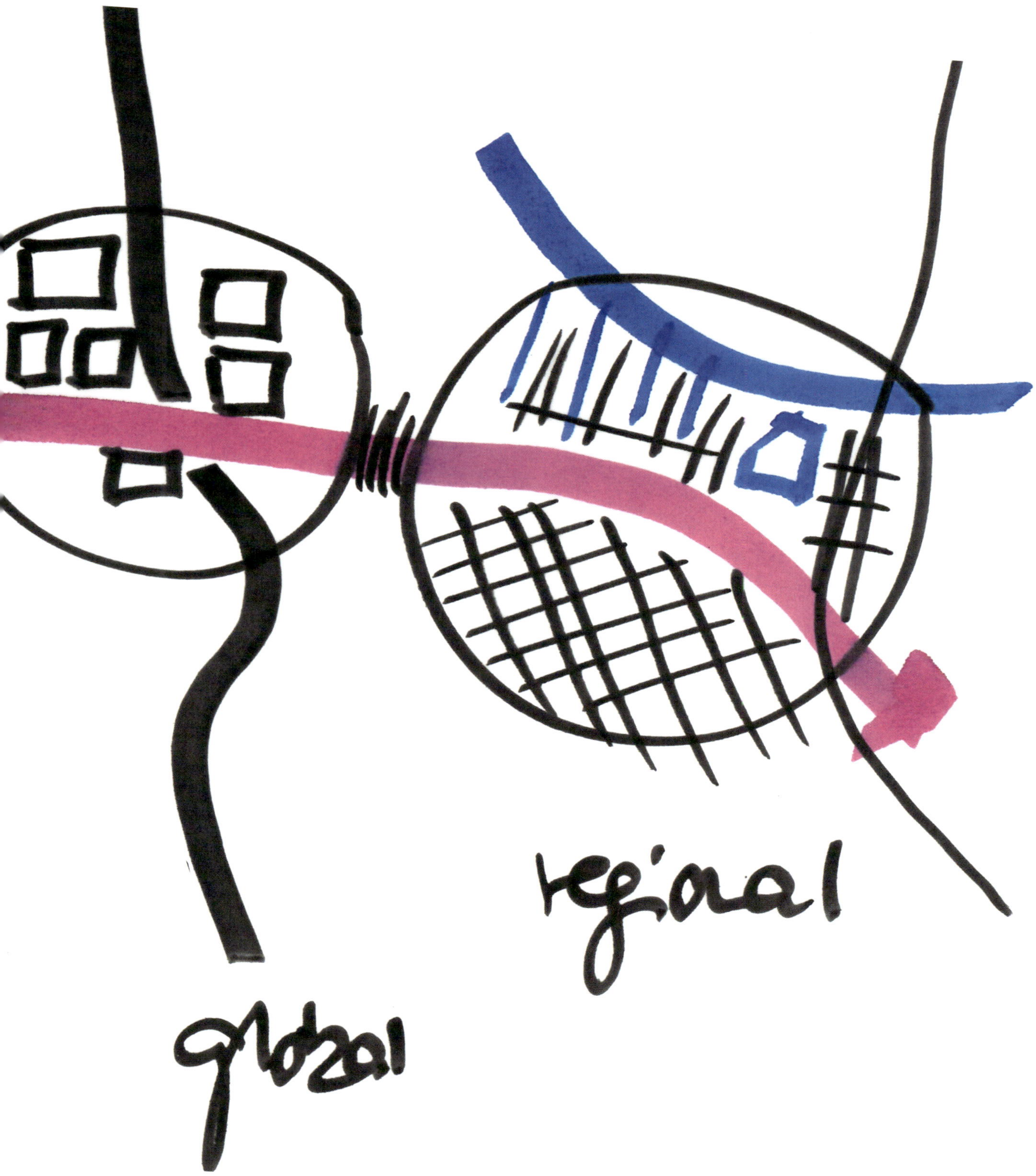

Stärkung der räumlichen Identität und der erkannten Talente – im Falle der Magistrale 6 sind dies der Hafen (regional), die Autobahn (global) und die Wohnquartiere der Äußeren Stadt (lokal).

Strengthening spatial identities and recognised talents – in the case of Magistrale 6, these are the port (regional), motorway (global) and the suburban residential neighbourhoods (local).

Eins:Eins Architekten (D); MUST Städtebau (NL); pfp architekten bda (D); Projektbüro Friedrich von Borries (D); Schaltraum Architekten (D); urban creators (DK); HafenCity Universität Hamburg; Bezirksamt Harburg. Jan Benden, Frieder Johann Bohaumilitzky, Julie Buschardt, Christian Dahle, Jörg Friedrich, Jannik Gramm, Timo Heise, Julian Hillenkamp, Detlef Junkers, Christoph Roselius, Heiko Stolzenburg, Wouter Veldhuis

'SPECIAL
CHARACTER
LIVING'

Die Harburger City soll sich unter dem programmatischen Titel „Griff an die Elbe“ ans Wasser (Süderelbe) entwickeln.

Under the programmatic title “Griff an die Elbe” (Reaching for the Elbe), Harburg’s Old Town is to be oriented towards the southern bank of the divided river (Süderelbe).

TEAM 6B – DER PULSSCHLAG DES RANDES. Der westliche Süderelberaum wird nicht nur durch moderne Hafenanlagen bestimmt, er hat auch eine eigene Baukultur zwischen Stadt und Land hervorgebracht.

Nikolaus Goetze, gmp Architekten von Gerkan, Marg und Partner (Hamburg, D)

1. **Das Bauforum** ist eine einmalige Gelegenheit, sich mit einer großen Anzahl national und international renommierter Architektinnen und Architekten sowie Planerinnen und Planer auszutauschen; die gesamte Veranstaltung macht einfach großen Spaß!

2. **Ich bin inspiriert,** weil viele verschiedene Sichtweisen und Herangehensweisen aus unterschiedlichen Disziplinen und Nationalitäten aufeinandertrafen und sich neue, teilweise auch unerwartete Perspektiven auf bekannte Themen eröffneten.

3. **Dem Team war wichtig,** Stadtteile nördlich und südlich der B 73 besser miteinander zu vernetzten und in ihrem jeweils eigenen Charakter sichtbar zu machen. Es geht auch darum, die Vorteile des Suburbanen beispielsweise durch die Stärkung der Grünstrukturen auszuspielen und trennende Störungen wie die der Hauptverkehrsadern aufzuweichen beziehungsweise zu minimieren.

ELBBERG Stadtplanung (D); gmp Architekten von Gerkan, Marg und Partner (D); Lützow 7 (D); Schauman & Nordgren Architects (DK); urban creators (DK); HafenCity Universität Hamburg, Behörde für Stadtentwicklung und Wohnen. Nikolaus Goetze, Lasse Vejlgård Kristensen, Max Leistikow, David Meurer, Cornelia Müller, Jonas Nordgren, Evelyn Pasdzierny, Volker Rathje, Michael Rink, Friederike Schaffner, Sonia Tosetti, Jan Wehberg, Filip Zibrandtsen

Zur Bibliothek der Bautypologien zählen für Team 6B Gebäude verschiedener für Norddeutschland typischer Baustile, die den Raum der Magistrale in seiner Struktur geprägt haben. Die B 73 markiert eine besondere topografische Linie, hier treffen Marsch und Geest aufeinander. Die Vernetzung von Stadtteilen nördlich und südlich der B 73 im Umgang mit der Bundesstraßentrasse bildet das Rückgrat. Bestehende Grünflächen sollen aufgewertet und mit den bestehenden Quartieren besser vernetzt werden. Der ÖPNV wird durch neue Radwege- und Fußwegenetze unterstützt, so werden Wasserlagen und deren Zugänge leichter erreicht. Das Team 6B entwickelt Zukunftsperspektiven für die charakteristischen Wohn- und Arbeitsstättenquartiere entlang der Magistrale.

The library of building typologies includes buildings of various architectural styles that have shaped the environment bordering the Magistrale, in a way that is typical for northern Germany. The B 73 indicates a special topographical line where the marshes and geest meet. The backbone of the area is formed by the connections between areas to the north and south of the B 73 and their relationship with the route of the trunk road. Existing green spaces are to be upgraded and better networked with the neighbourhoods. The local public transport system is to be supported by networks of cycle paths and footpaths, making it easier to reach waterside locations and their access points. Team 6B develops perspectives for the residential and industrial areas along the Magistrale.

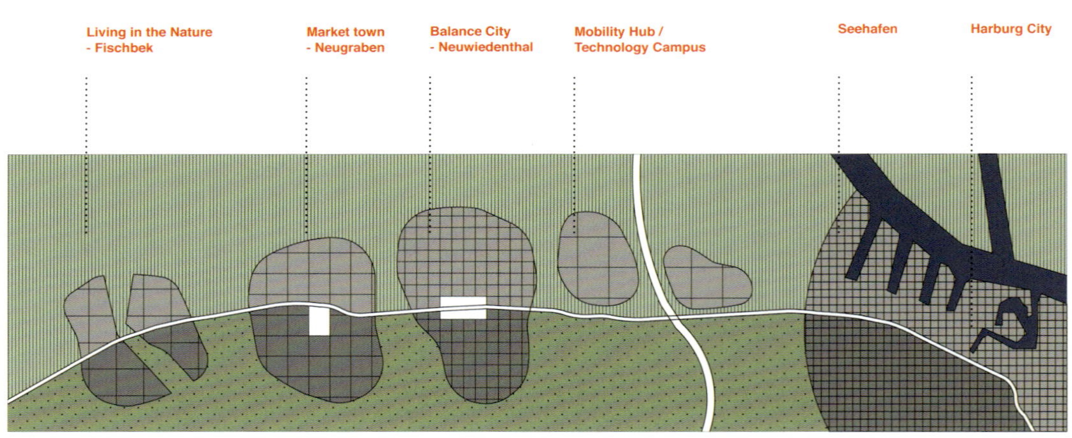

Die Perlenkette – südlich der Elbe – verbindet Seehafen und Harburg City.

A string of pearls – south of the Elbe – connects Harburg's Port and city.

TEAM 6B – THE PULSE OF THE EDGE. The western area to the south of the Elbe is not only defined by modern port facilities – it has also developed its own built environment between town and country.

Das Bild der Magistrale 6 wird wegen ihrer langen Baugeschichte und der Lage zwischen Stadt und Land zu einer reichen Bibliothek der Gebäudetypologien aus 200 Jahren.

Due to its long building history and its position between the city and the countryside, Magistrale 6 resembles a rich library of building typologies spanning 200 years.

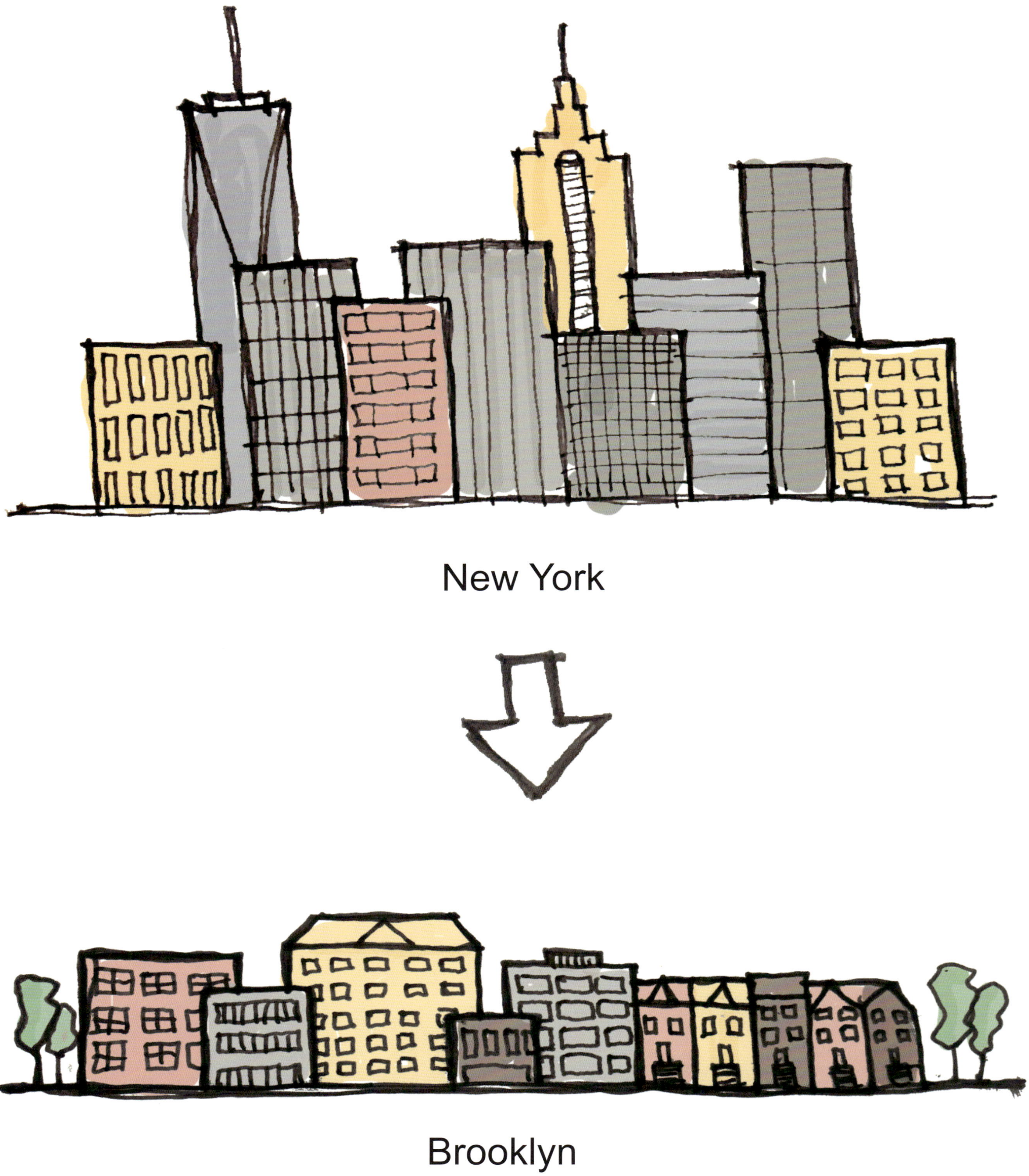

Harburg – das „neue Brooklyn“ Hamburgs?

Harburg – the “New Brooklyn” of Hamburg?

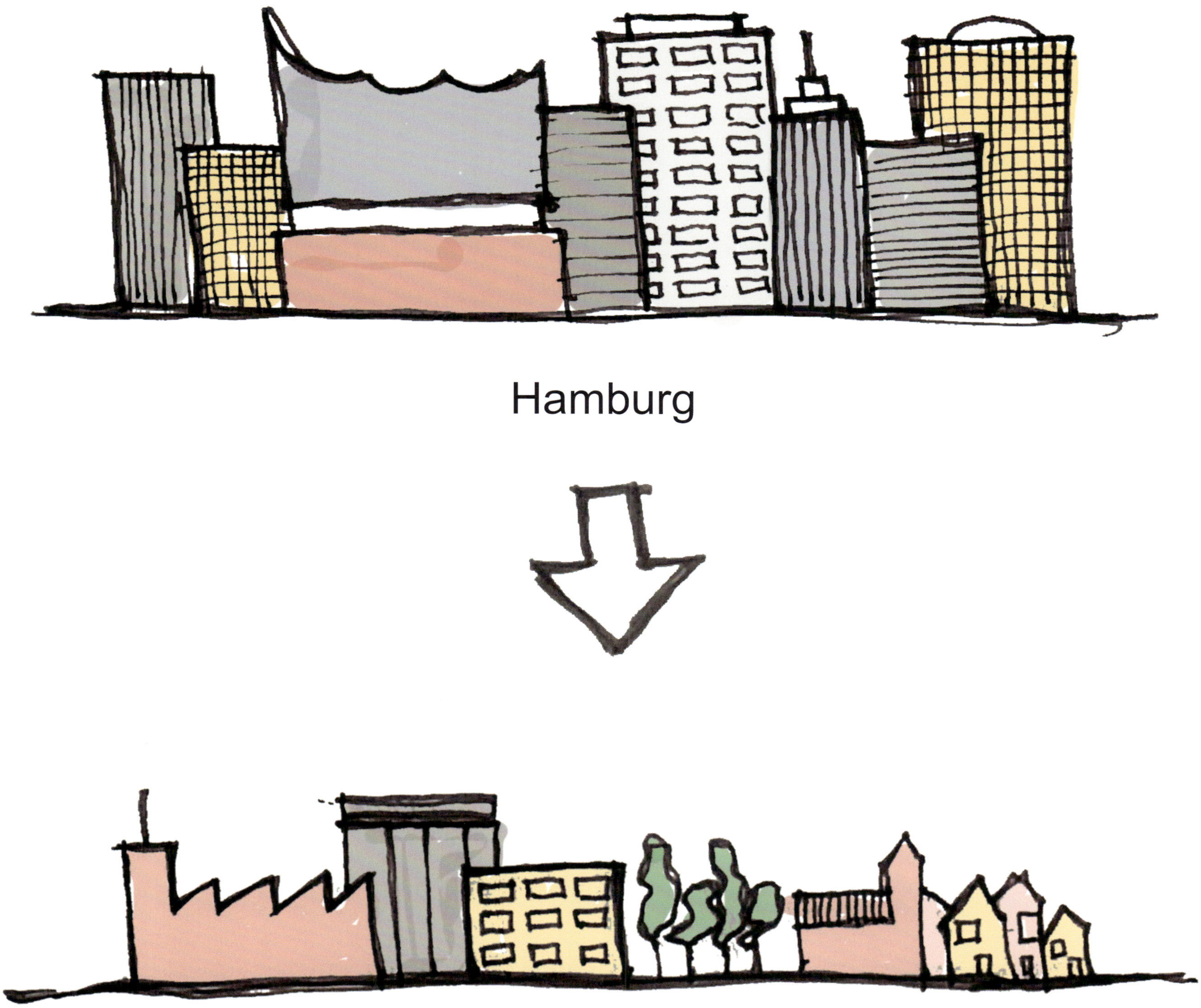
Hamburg
Harburg

MINDS OF ENGINEERS. PIONEERS AT HEART

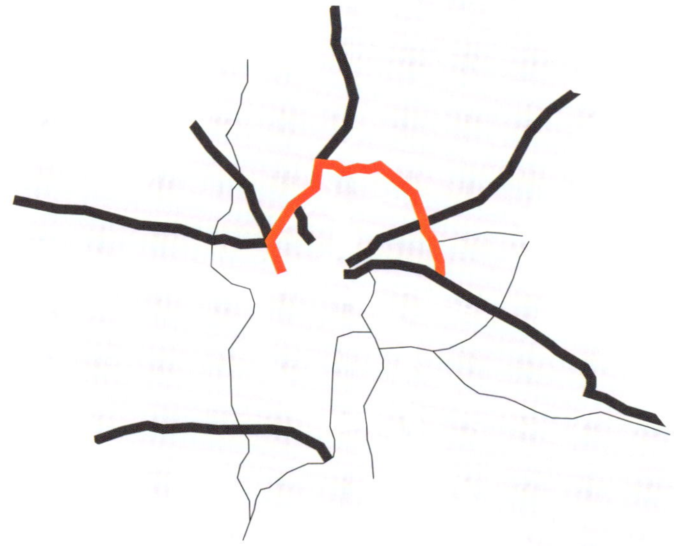

GO AROUND

RING 2, 17,9 KM

Der Ring 2 führt im Halbkreis um die Innere Stadt. Er sammelt und verteilt den Autoverkehr und belastet gleichzeitig die angrenzenden Stadtteile. Er ist eine Konstruktion der automobilaffinen 1970er Jahre und bindet alle anderen Magistralen nördlich der Elbe an und ein. Wo bestehende Straßen nicht ausbaufähig waren, wurde die Bebauung abgerissen, um die ringförmige Verbindung zwischen den Magistralen – als historisch gewachsene Hauptachsen – herzustellen. Aus Altona heraus entwickelt sich der Ring durch hochwertige Wohnviertel der Gründerzeit und der 1920er Jahre, es folgen Bürostandorte, Gewerbegebiete, Kleingarten- und Parkanlagen. Im Kontrast zu dieser Mischkultur steht die City Nord mit ihren Büromonolithen, die mittlerweile denkmalgeschützt sind. Danach entsteht wieder ein fast vorstädtisches Gefühl mit der Backsteinbebauung aus dem 20. Jahrhundert.

Ring 2 runs in a semicircle around the inner city. It gathers and distributes the motorised traffic and is simultaneously a burden on the neighbouring areas. It was constructed in the car-friendly decade of the 1970s, that decade that had such a great affinity for the motor car, and it links and integrates all the other Magistralen north of the Elbe. Where existing roads could not be widened, buildings were demolished in order to create the ring-shaped connection between the Magistralen that had developed over time to become the chief road axes. Starting in Altona, the ring road runs through high-class residential districts dating from the period of promoterism and the 1920s. They are followed by office locations, trading estates, allotments and parks. City Nord with its office monoliths, now listed buildings, stands in contrast to this mixed environment. Beyond, an almost suburban feeling develops, with 1920s brick-built construction.

TEAM 7A – DIE MILCHSTRASSE. In der Analyse werden Schnitte und Brüche und diverse räumliche Charaktere entlang des Rings sichtbar. Erkenntnis: Der Ring hat seine Schuldigkeit getan, es lebe das offene Stadtnetzwerk!

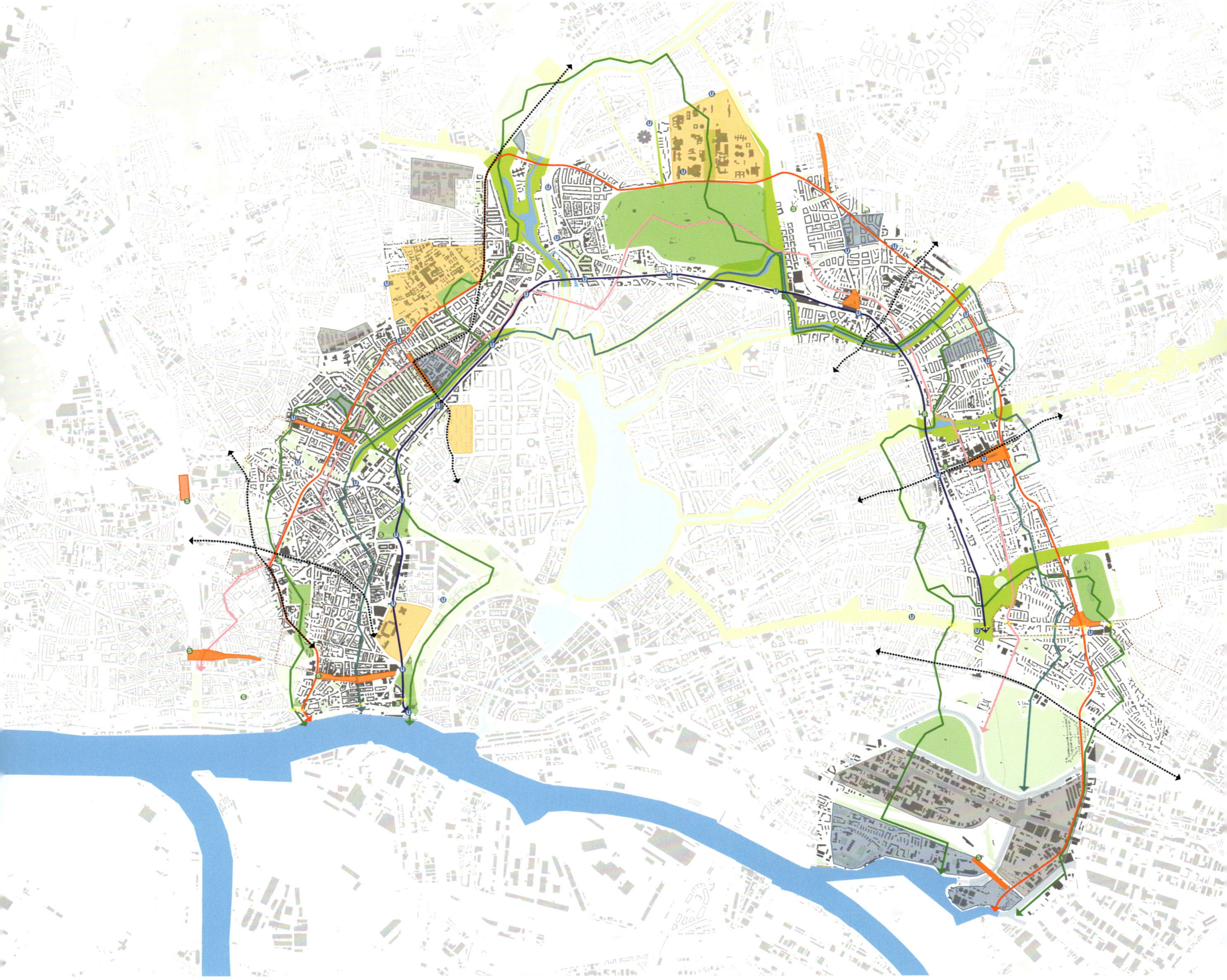

Die Überlegungen des Teams 7A sehen anstelle der Ringstraßentrasse ein vitales Netzwerk unterschiedlicher städtischer Nutzungen vor.

Team 7A's considerations envisage a lively network of different urban uses in place of the ring road.

TEAM 7A – THE MILKY WAY. The analysis reveals cuts and breaks and various spatial figures along the ring. Conclusion: the ring has served its purpose; long live the open city network!

ASTOC (D); Copenhagenize Design Co (DK); KCAP (NL); Kunst+Herbert (D); Studio Sörensen Landschaftsarchitektur (D); HafenCity Universität Hamburg; Landesbetrieb Straßen, Brücken, Gewässer; Behörde für Stadtentwicklung und Wohnen. Peter Berner, Kees Christiaanse, Timo Eisele, Christian Herbert, Arpad Hetey, Andrei Jugărean, Christian Junge, Morten Kabell, Bettina Kunst, Jan Hendrik Lauffer, Dominik Lutz, Philip Peemüller, Christiane Sörensen, Michael Trinkner

Der Ring 2 trennt heute gewachsene Quartiere. Er sollte nach Meinung des Teams aufgelöst oder in seiner Barrierefunktion abgemindert werden, um Hamburgs polyzentrale Stadtstruktur sichtbarer zu machen und zu stärken. Der Schwerpunkt liegt nicht mehr auf der monofunktionalen Verkehrslösung, sondern ist systemisch gedacht, so wie die Milchstraße, der Milky-Way, die sich zwar aus irdischer Sicht als „Straße" abbildet, sich aber real aus unzähligen einzelnen Gestirnen zusammensetzt. So ähnlich sehen es die Planerinnen und Planer von Team 7A: Die Summe aller Einzelteile ist mehr als das (sichtbare) Ganze. Die pragmatische Agenda dafür sind strenge Gestaltungsregeln für Mobilität und Städtebau, öffentliche Plätze entlang des Rings, erhöhte Dichte, bessere Funktionsmischung. Zur Mobilität: An strategischen Punkten entstehen neue Shared Spaces, Autospuren werden zugunsten des Bus-rapid-Transit und von Fahrradstraßen umgewidmet, Gehwege werden verbreitert. In sechs Abschnitten des Rings werden Interventionsräume ausgemacht, in denen konkrete Maßnahmen vorgeschlagen werden. Diese reichen von der Verbindung von Grünzonen über den Umbau des Wandsbeker Markts bis hin zur Erweiterung des Rings an das Ufer der Bille.

Today, Ring 2 separates established neighbourhoods. The team believes it should either be removed or its barrier function reduced to make Hamburg's polycentric urban structure more visible and strengthen it. The focus is no longer on a monofunctional traffic solution, but on a systemic concept like the Milky Way, which from an earthly perspective is represented as a "street" but which is actually composed of countless individual stars. The planners see it similarly: the sum of all the individual parts is greater than the (visible) whole. This is their pragmatic agenda: strict design rules for mobility and urban planning, public spaces all along the ring, increased density, a better mix of functions. Regarding mobility: new shared spaces are to be created at strategic points, car lanes to be closed in favour of bus rapid transit and cycle lanes, pavements to be widened. In six sections of the ring, intervention areas will be identified where concrete measures will be proposed. These range from the connection of green zones or the reorganisation of Wandsbeker Markt to the extension of the ring to the banks of the River Bille.

Prof. Kees Christiaanse, KCAP (Rotterdam, NL)

1. The Bauforum was a remarkable experience for me because: I participated in the Bauforum Stadt am Hafen in 1985 and 1989 HafenCity, around the time when I left OMA and started KCAP. Egbert Kossak gave us a model whale-catching ship as a sign of the feasibility of our project – and it led to the actual birth of ASTOC. We have lots of anecdotes about Michael Graves, Cedric Price, Zaha Hadid, Maximilian Fuksas, Will Alsop, Otto Steidle, Ungers and Kleihues and others, which would be too long to describe here.

2. The Bauforum on Magistralen was a great catalyst for my work on diverse projects around the world because it happened at a time when our office was strongly focused on the relationship between sustainable mobility and public space.

3. In my team's approach for a future Magistralen development, it was particularly important to me that we got to work on the inner ring of Hamburg. The discussion about the usefulness of a ring boulevard for the distribution of traffic and the actuality of reduction of motorized individual vehicles from the inner city in relation to public transport and the public space quality is most important.

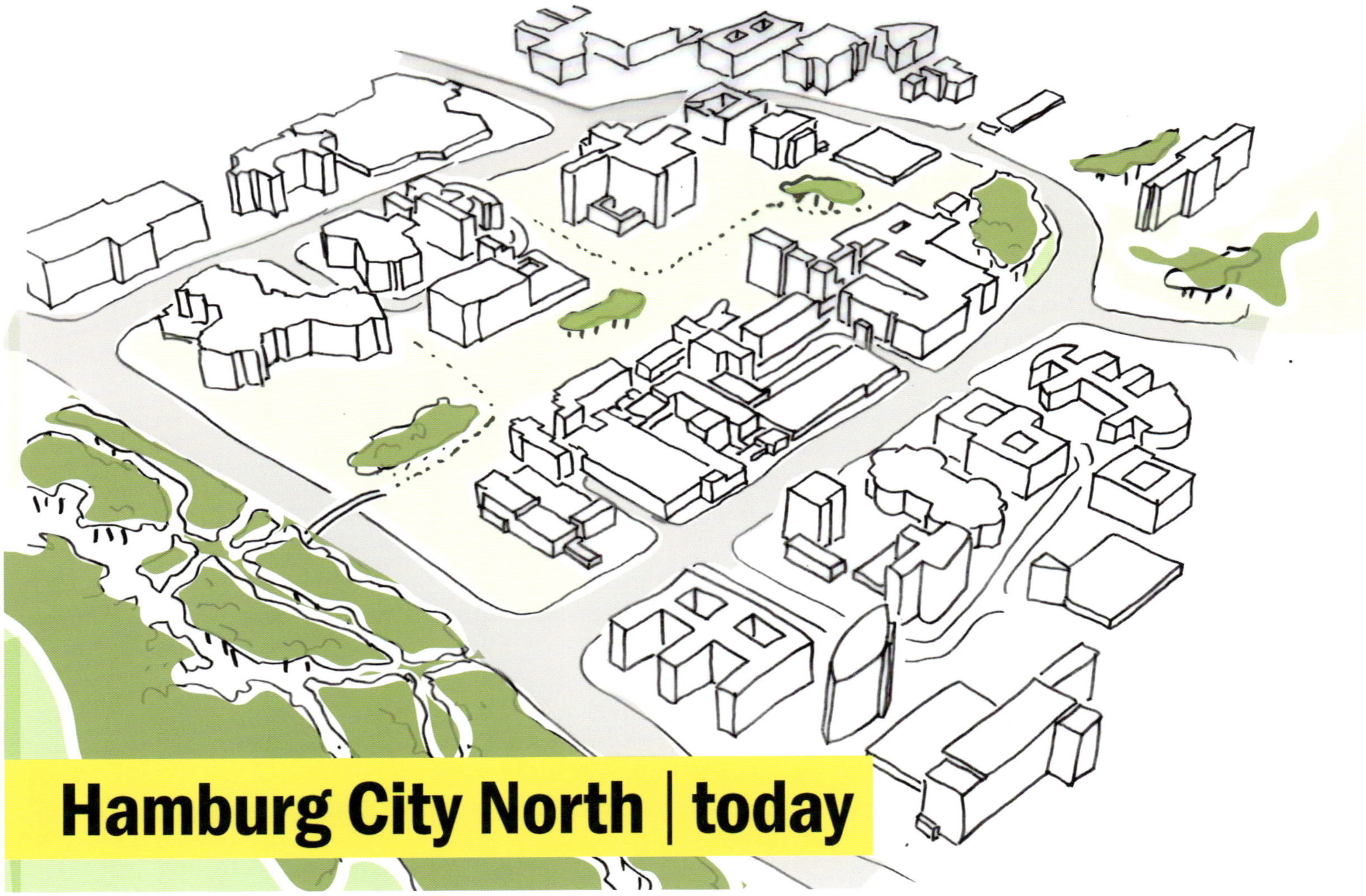

Fallbeispiele. Links: City Nord – Central Park statt isolierter Lage!

Case studies. Left: City Nord – Central Park instead of an isolated area!

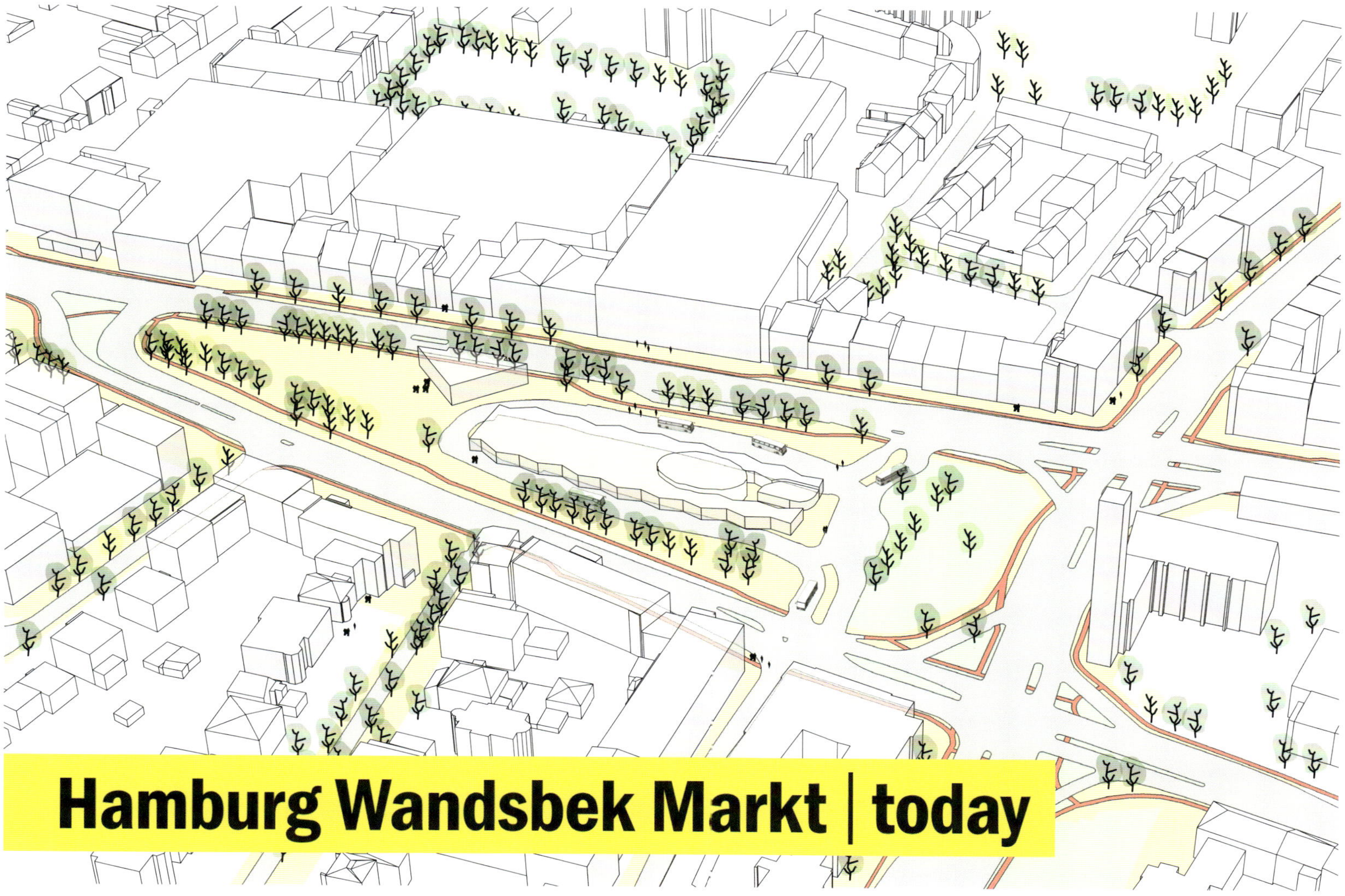

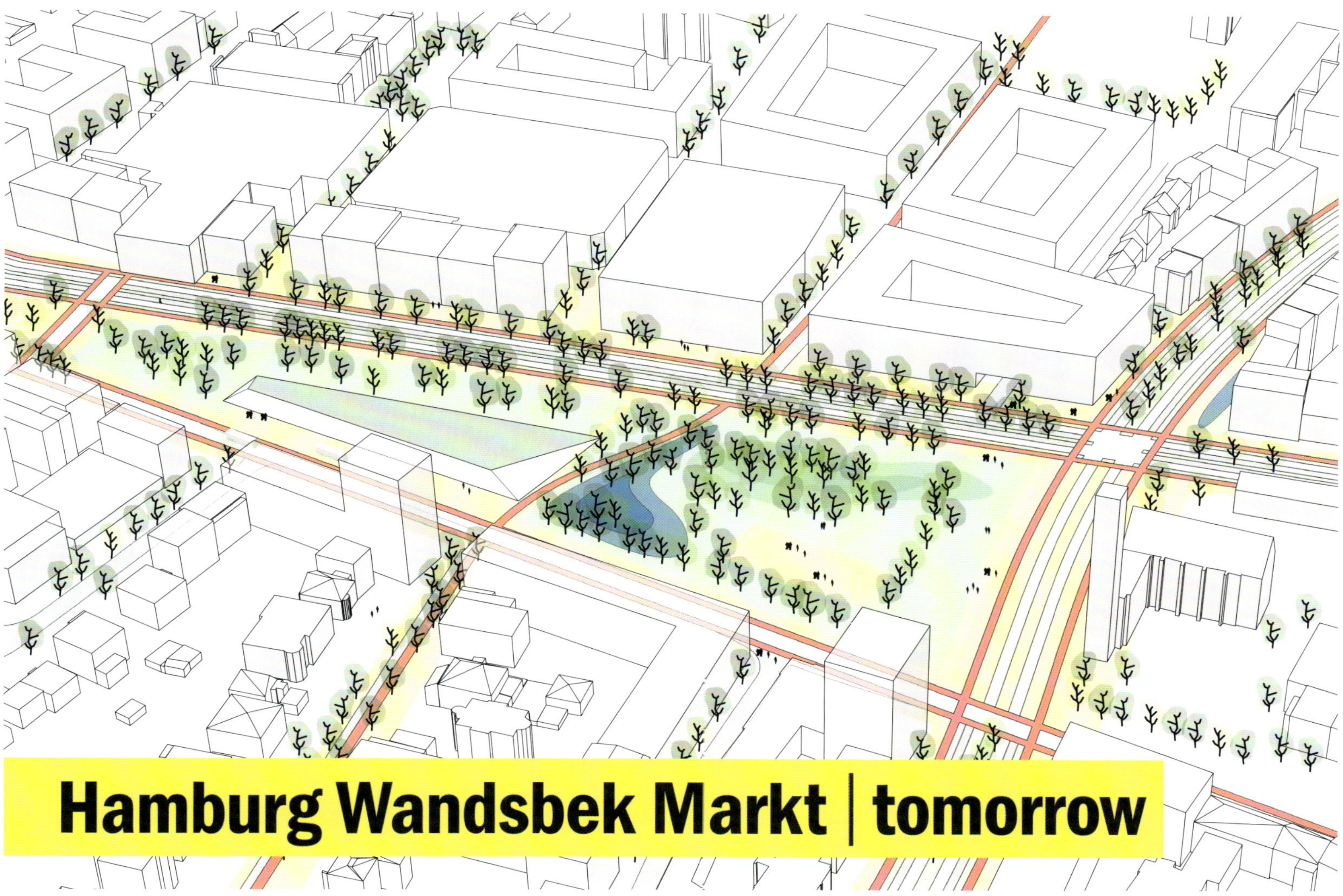

Rechts: Wandsbeker Markt – vom Busbahnhof zur grünen Bezirksmitte!

Right: Wandsbeker Markt – from bus station to green heart of Wandsbek!

TEAM 7B – ABSCHIED VOM RING. Willkommen, neues urbanes Netzwerk der lokalen Straßen und Nachbarschaftsquartiere!

BeL Sozietät für Architektur (D); coido architects (D); Copenhagenize Design Co. (DK); Karres en Brands (NL); Limbrock Tubbesing Architekten und Stadtplaner (D); Transsolar (D), HafenCity Universität Hamburg; Behörde für Stadtentwicklung und Wohnen. Nadir Abdessemed, Anne-Julchen Bernhardt, Bart Brands, Sven Ove Cordsen, Davor Dušanić, Lisa Gerlach, Eike Harnat, Martina Hopfner, Jan Henning Ipach, Marius Jungblut, Aref Keshvari, Claudia Köster, Jörg Leeser, Heiner Limbrock, Darius Reznek, Lorenz Siegel, Teresa Timm, Simon Tubbesing

Bart Brands/Darius Reznek
Karres en Brands (Hilversum, NL)

1. **The Bauforum** was a remarkable experience for me because: It is one of the largest international thought incubators where, as designers, we can speculate freely about major urban challenges. It is intense, interdisciplinary, visionary and, most importantly, free of constraints.

2. **The Bauforum has inspired me** to reaffirm our way of working, and to continue to stimulate these types of interactions within our office.

3. **In my team's approach** for a future Magistralen development, it was particularly important to me that we question the brief, and not take anything as a given. In order to address the challenge of the Magistralen, we need to approach them as an integral part of the city fabric, and not as infrastructure. Designing a street is not enough.

Wie in der Parallelarbeit wird der Ring 2 als verkehrsplanerischer Fremdkörper erkannt und infrage gestellt. Ein stufenweises Maßnahmensystem (unter anderem „Park & Ride"-Umsteigepunkte am Stadtrand, Mobility-Switch-Points, eine Best-practice-Fahrradinfrastruktur und weniger Fahrbahnen für Pkw) reduziert den Anteil des motorisierten Individualverkehrs in der Stadt und gibt dem Umweltverbund Vorrang. Es werden Interventionen an strategisch ausgewählten Orten vorgeschlagen, etwa „Supergreen" in Altona-Altstadt/Holstenstraße: Der heutige Grünzug wird in ganzer Breite als grüner „Teppich" über die Straßen geführt. Insgesamt müssen die Emissionen des Rings (Lärm, CO_2) abgemindert, muss der Durchgangsverkehr durch Umleitungen und Schleifen verlangsamt und verlagert werden. Die Quartiere wachsen so wieder zusammen und bieten mehr Platz für Wohnungen und quartiersbezogene Nutzungen.

Just like the other team's approach, Ring 2 is recognised as a traffic planning foreign body and called into question. A step-by-step system of measures (including P+R transfer points on the outskirts of the city, mobility switch points, "best-practice" cycle infrastructure, fewer lanes for cars) reduces the proportion of motorised private transport in the city and gives priority to the "Green Alliance". Interventions at strategically selected locations are proposed, such as "Supergreen" in Altona-Altstadt/Holstenstraße: the present green corridor is laid full-width across the streets as a green "carpet". Overall, the ring's emissions (noise, CO_2) must be reduced, and through-traffic must be slowed down and relocated by means of diversions and loops. In this way, the neighbourhoods can grow back together and offer more residential space and neighbourhood amenities.

TEAM 7B – BYE BYE, RING. Welcome to a new urban network of local streets and neighbourhoods!

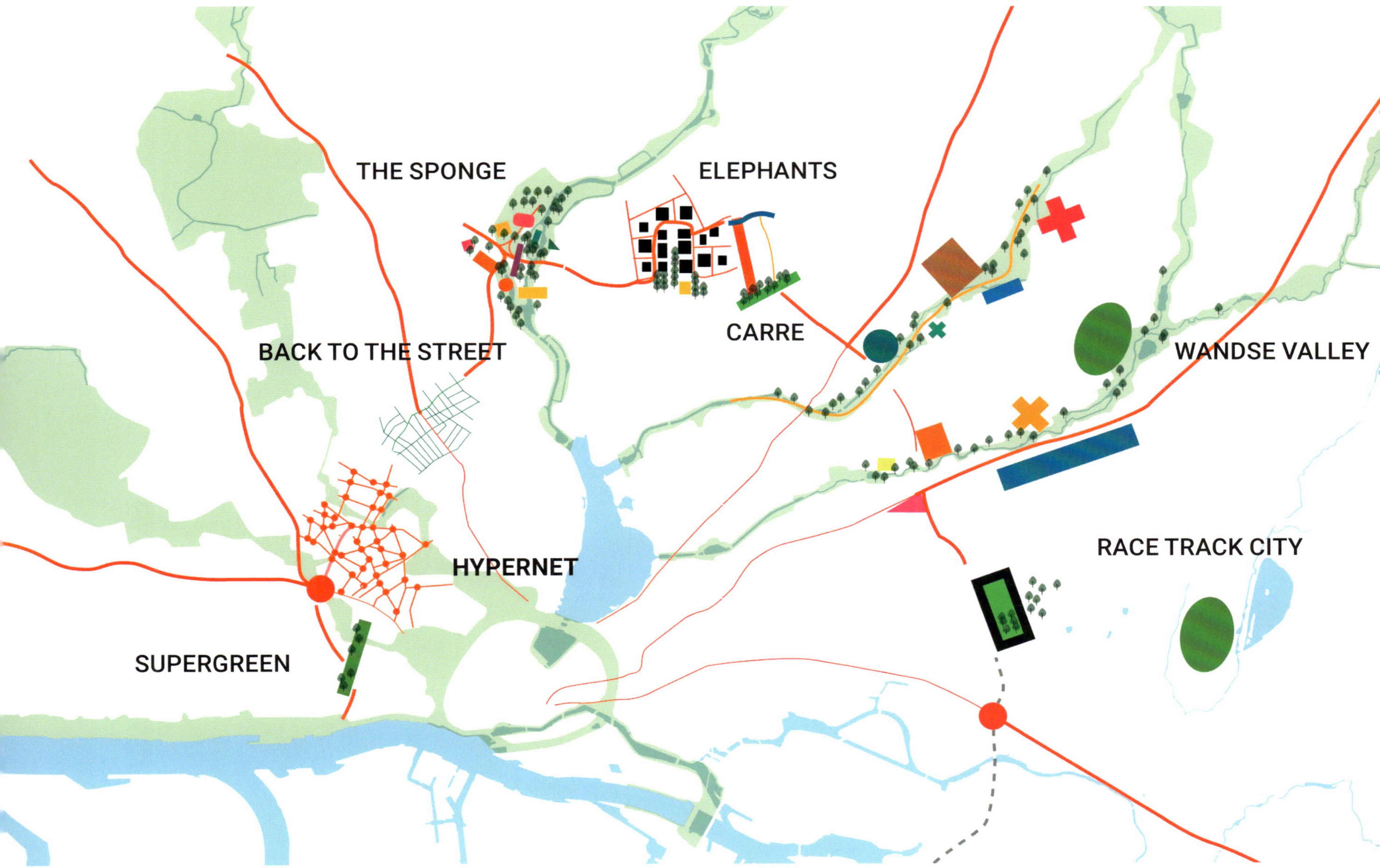

Diese Arbeit kümmert sich um die gewachsene polyzentrale Stadtstruktur und erstrebt die Transformation von einer reinen Verkehrslösung hin zu einer Small-Scale-Megastructure.

This design is concerned with the established polycentric urban structure, and aims to bring about the transformation from a monogamous traffic solution to a small-scale megastructure.

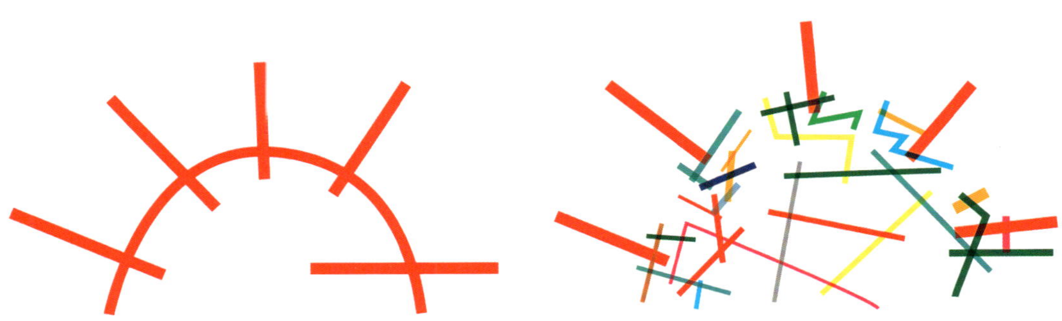

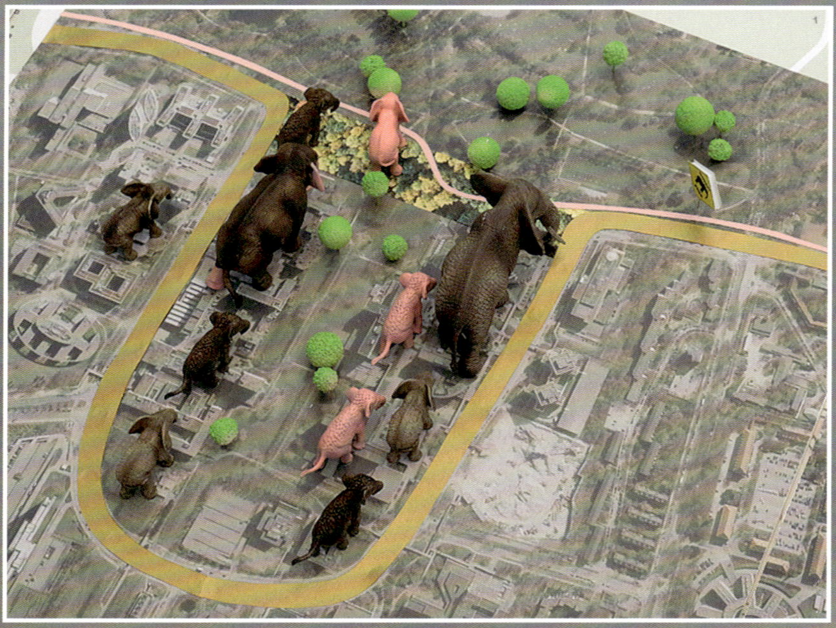

Eine schöne Metapher: Die Megabauten der Bürostadt City Nord sollen einen engeren Bezug zum Stadtpark bekommen – hier durch Elefanten symbolisiert, die auf den Parkwiesen grasen wollen. Der mehrspurige Jahnring wird in diesem Abschnitt für die Durchfahrt gesperrt, entsiegelt und Teil des Parks. Die Autos werden im Bogen durch den Überseering geleitet, für Fuß- und Radverkehr bleibt die direkte Verbindung.

A nice metaphor: The major buildings of City Nord are to be better connected to the Stadtpark. This is symbolysed by elephants, on the way to the lawns of the Stadtpark. The existing multi-lane Jahnring will be temporarily closed; at some later stage, the impermeable surface could be removed so that it can become part of the Stadtpark. Cars will be routed in an arc along the Überseering, and there will still be a direct connection for foot and cycle traffic.

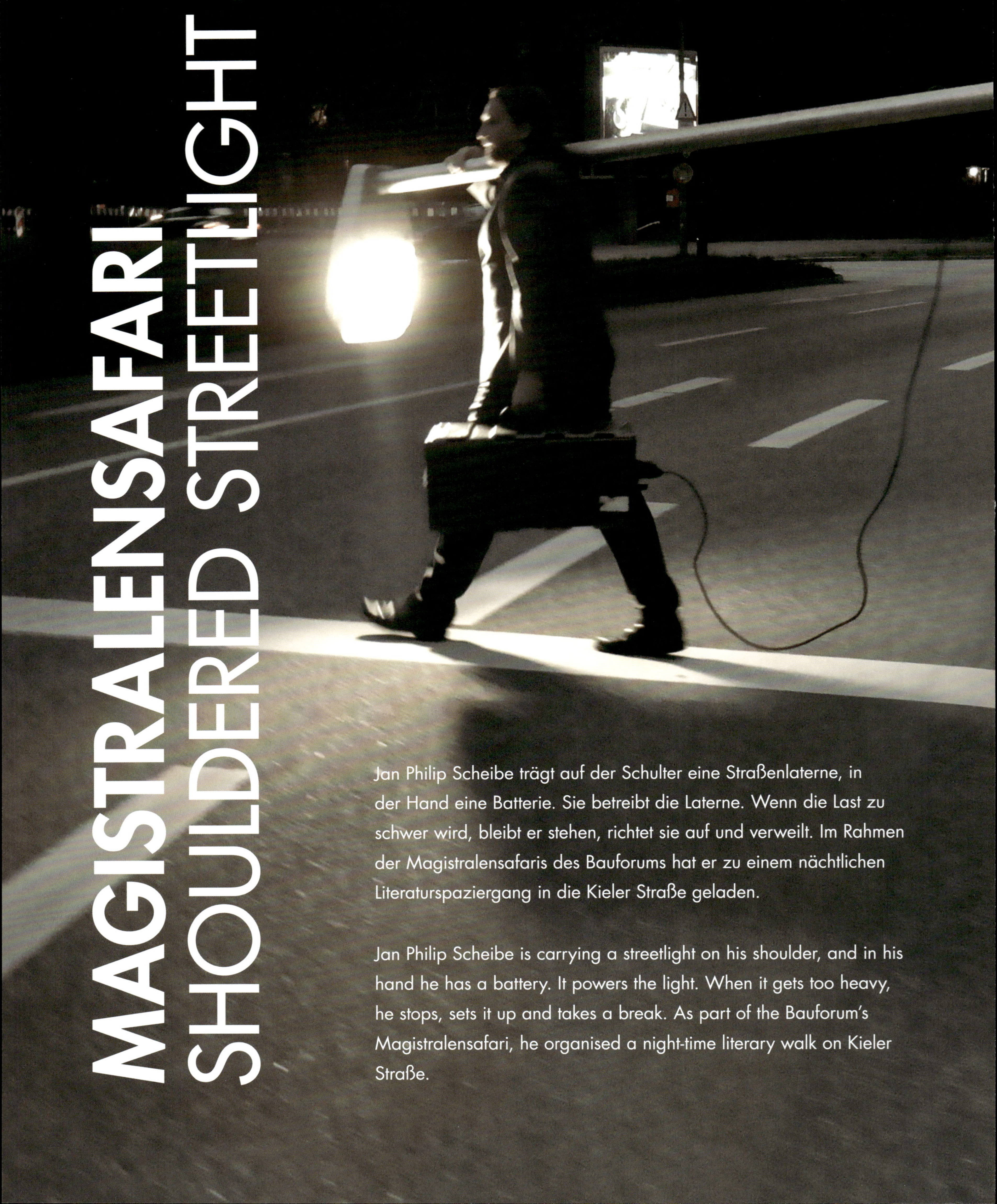

MAGISTRALENSAFARI
SHOULDERED STREETLIGHT

Jan Philip Scheibe trägt auf der Schulter eine Straßenlaterne, in der Hand eine Batterie. Sie betreibt die Laterne. Wenn die Last zu schwer wird, bleibt er stehen, richtet sie auf und verweilt. Im Rahmen der Magistralensafaris des Bauforums hat er zu einem nächtlichen Literaturspaziergang in die Kieler Straße geladen.

Jan Philip Scheibe is carrying a streetlight on his shoulder, and in his hand he has a battery. It powers the light. When it gets too heavy, he stops, sets it up and takes a break. As part of the Bauforum's Magistralensafari, he organised a night-time literary walk on Kieler Straße.

Die Magistralensafaris gehören zum kulturellen Rahmenprogramm des Bauforums: Der Künstler Jan Philip Scheibe führte durch Eimsbüttel – in der Nacht.

Magistralensafaris are part of the cultural Sideprogramm of the Bauform. The Artist Jan Philip Scheibe is walking at night across Eimsbüttel.

Der Archipel am Eimsbütteler Marktplatz: Auf der größten der vier Verkehrsinseln strecken sich Kiefern, Ahornbäume und Birken in den Himmel. Im Frühjahr blühen die Waldanemonen. Ein Idyll, wäre nicht das dauernde Rauschen und Beben der 40-Tonner. Fast wie an den sonnigen Tagen der 1820er, als hier, auf dem damals von Bächen durchzogenen Land außerhalb der Stadt, die Wirtin der Restauration Mariannenruh lud und viele Städterinnen und Städter dem Ruf ihrer legendären Schönheit folgten. Ein Gedenkstein erinnert noch heute an sie.

Stadtauswärts: Der Grünkohl steht schön da, die Tomaten haben sich unter dem Vordach prächtig entwickelt. Die Bohnen ranken an ihren Stangen hoch. Ein Schild weist darauf hin, dass es sich beim Garten nicht um eine Müllkippe handelt. Bewohnerinnen und Bewohner eines Wohnblocks haben einen Gemüsegarten angelegt und gerade sitzen die Gärtnerinnen und Gärtner im Fensterrahmen. Im Winter wächst hier der Grünkohl weiter, denn Frost bekommt er nicht ab. Dafür sorgen die Verbrennungsmotoren. Weltweit.

Hotel Helgoland: Ein Blick in die Fenster verrät die Bodenständigkeit der alten BRD: Kugelleuchten mit Messingarmatur, Eichentheke mit Zapfhahn aus Keramik. Im Logo des Hotels findet sich eine Darstellung des Inselfelsens samt der Langen Anna. Rund um das Hotelgebäude blühen in Blumenkübeln und Balkonkästen die Geranien in kräftigem Rot. Im Sommer leuchten die Wolken nach Sonnenuntergang, wenn man auf der Kieler Straße in Richtung Nord-Nordwest schaut, wo 100 Seemeilen weiter der rote Inselfelsen leuchtet und die See unablässig Kieselsteine wiegt.

Die Schafgarbe wächst im hohen Gras: Die Erika, in Kübeln aus Waschbeton gepflanzt, ist vertrocknet. Unter dem getäfelten Vordach des leer stehenden Hanseatenhauses bekommt sie nichts vom dürftigen Sommerregen ab. Einige Pflanzen der dichten Hecke haben die letzten Trockensommer nicht überlebt. Die Kiefern, gepflanzt über der Tiefgarageneinfahrt, verlieren ihre Nadeln.

Zwischen Stadt und Land: Drinnen und draußen, auf Straßen, zwischen Büro- und Gewerbebauten. Ein kleines Stück Gras. Ein paar Pionierbirken wachsen neu heran. Nach zwei, drei Jahren sind sie in hiesigen Breiten schon so hochgeschossen, wie die am Polarkreis in 150 Jahren nicht.

Ein Ausschnitt Himmel, restblaues Trapez: Hinter uns hohe Wände der Hochregallager eines Großhändlers für Schrauben und Befestigungstechnik. Die Außenwände ohne Fenster sind mit weißem Rauputz verkleidet. Von der Straße sieht und hört man nichts. Dann und wann springt irgendeine Klimaanlage an. Die Autos auf dem verwaisten Parkdeck sind schon lange verschwunden. Ein Flugzeug zieht seine Brautschleppe hinter sich her. Dass denkwürdige Zeiten beginnen, wird mir an diesem verlorenen Ort im August 2019 klar. 2020 bei der Aufzeichnung dieser Zeilen habe ich Gewissheit ...

Jan Philip Scheibe

SUMMARY

The archipelago at Eimsbütteler Marktplatz: On the largest of the four traffic islands, pines, maples and birches stretch skywards. In spring, the wood anemones bloom. It would be idyllic if it weren't for the 40-tonne trucks. It's almost like those sunny days in the 1820s, when this land was criss-crossed by streams outside the city and city-dwellers flocked to the Mariannenruh Inn drawn by the legendary beauty of its landlady.

Outward bound: The kale is flourishing, the tomatoes have come on splendidly under the porch roof and the beans are winding their way up poles. A sign points out the garden is not a rubbish tip. The residents of a block of flats have laid out a vegetable patch, and just now the gardeners are perched on the window sills. In the winter, the kale carries on growing, as it will not be affected by frost. Combustion engines see to that. Worldwide.

Hotel Helgoland: A glance through the windows reveals the down-to-earth character of former West Germany. There are globe lights with brass fittings, and there is an oak bar with porcelain beer taps. In tubs and window boxes around the hotel building, bright red geraniums are in bloom. In summer, the clouds reflect the sunset as you look north-north-west along the Kieler Straße, where the red island cliffs glow for another 100 kilometres.

Yarrow grows in the long grass: The heather, planted in concrete tubs, is dry. Under the panelled canopy of the empty Hanseatic house, none of the summer rain reaches it. One or two plants in the dense hedge have not survived last year's dry summer.

Between city and countryside: inside and out, on the streets, between office and commercial buildings. A little patch of grass. A few pioneer birch trees are colonising the spot. In two to three years' time, they will have shot up to a height on this site that they would barely reach in 150 years above the Arctic Circle.

A snippet of sky, a trapezoidal blue remnant: Behind us are the high walls of a high-bay warehouse for screws and fastening systems. The windowless outside walls are rough-plastered. You cannot see or hear the street at all. Every so often an air-conditioning system kicks into life. The cars are long gone, leaving the parking lot deserted. A plane drags its bridal train along behind it.

Jan Philip Scheibe

360°-INSTALLATION
THE CITY AS A SOUNDSTAGE

Wie verlaufen die Schlagadern der Metropole und wie klingt der Puls des Verkehrs? Welche Bilder kreiert der Raum in Bewegung und was sehen wir dort, wo wir doch eigentlich nur rastlos hasten? Subjektive Anmerkungen von Dirk Meyhöfer zu einem unwiederbringlichen mehrdimensionalen Erlebnis.

Where do the arteries of the metropolis run, and what does the pulse of the traffic sound like? What pictures does the space create in motion, and what is it that we see there, where essentially we are just restlessly rushing? Subjective remarks by Dirk Meyhöfer on an irretrievable multidimensional experience.

Es war die Woche der unbegrenzten Erlebnisse und Erfahrungen. Neue Denkräume wollten betreten werden; Erfahrungen im Sekundentakt. Doch es gab für mich einen Ort (und viele Momente), der zur Oase in einer Parallelwelt wurde – „unvergesslichst", wenn es dieses Wort überhaupt gibt. In der Wellenfeldsyntheseanlage konnte ich träumen, weinen, schreien, die Faust recken und verharren, buchstäblich auf der Straße – auf der virtuellen. Eine begehbare Blackbox in der Südhalle wurde zur Droge einer unheimlichen Perzeptionssucht. Wann immer drüben in der Nordhalle zu viel geboten wurde, die Informationen im Gespräch, Vortrag und Bild zu mächtig wurden, nahm ich Reißaus. Wenn die Teams in die Phase der introvertierten Produktion übergingen und nur noch mit ihren Transparentrollen oder Bildschirmen kommunizierten – dann landete ich in meiner neuen individuell zu erfahrenen digitalen Audio-Video-Kunstwelt. Wenn die Hansestadt mit ihren Magistralenbändern die Bühne des Stadtlebens ist, dann war die Wellenfeldsyntheseanlage in dieser 360°-Installation der audiovisuelle Vorgriff darauf – mit Videoaufnahmen der Hamburger Magistralen, die mit einer eigens konstruierten 360°-Kamera aus dem fahrenden Auto eingefangen wurden.

Dieses virtuelle Amphitheater wurde nach Ende des Bauforums leider wieder abgebaut. In dieser Form war es nicht konservierbar, jeder musste seinen persönlichen Moment einfangen und mitnehmen. Notierte 1000 Teilnehmerinnen und Besucher des Bauforums haben das getan, Mehrfacherfahrungen nicht mitgezählt. Alles ist nun weg! Oder auch nicht.

Was bleibt? Die technischen Daten und Fakten. In Kooperation mit der Wilhelmsburger Filmkunstcrew von Hirn und Wanst wurden für das Bauforum die 288 Audiokanäle der Wellenfeldsyntheseanlage der Hamburger Hochschule für Musik und Theater mit 236 LED-Panels verbunden. Sie eröffneten fast unbegrenzte Möglichkeiten, um Klangsphären und Bilderwelten der Magistralenräume zu reproduzieren. In existierenden Straßenfluchten wurden alternative Klangwelten erlebbar. Die Wellenfeldsynthese ist ein räumliches Audiowiedergabeverfahren, das Wellenfronten virtueller Schallquellen synthetisiert. Hierdurch wird ein ebenfalls virtueller akustischer Raum erzeugt. Erfunden wurde sie 1988 von Prof. Berkhout an der TU Delft in den Niederlanden. In einem Printmedium können wir es nur dokumentieren, nicht sinnlich erlebbar machen (siehe dazu https://t1p.de/wfsa).
Dirk Meyhöfer

Prof. Dr. Georg Hajdu, Hochschule für Musik und Theater Hamburg

Prof. Dr Georg Hajdu, Hamburg University of Music and Theatre

SUMMARY
This place (along with many moments) became an oasis in a parallel world. In the wave-field synthesis system, I could dream, cry, scream, raise my fist, and stay, literally on the street – on the virtual street. A walk-in black box in the South Hall became a drug that governed an eerie perceptual addiction. Whenever too much was on offer over there in the North Hall, whenever the information in the conversations, lectures and images became too overpowering, I scarpered. When the teams had embarked on the phase of introverted production and only communicated by means of their overlays and display screens, I made the transition to my new individually experienceable digital audio-visual artworld. If Hamburg, with its ribbons of Magistralen, is the stage of city life, the wave-field synthesis system in this 360° installation was the audio-visual anticipation of it – complete with video recordings of Hamburg's Magistralen, captured from a moving car with a specially-built 360° camera.

At the end of the Bauforum, this virtual amphitheatre was immediately dismantled again. It could not be conserved in this form, and so everyone had to capture their own personal moments and take them away with them. Records show that 1000 Bauforum participants and visitors did so, not counting repeat visits.

So, what remains? The answer is the technical data and facts. In collaboration with Wilhelmsburg cinematography crew Hirn und Wanst, the 288 audio channels of Hamburg University of Music and Theatre's wave-field synthesis system were connected with 236 LED panels for the Bauforum. They opened up almost unlimited possibilities in terms of reproducing the sound spheres and visual worlds of the Magistrale spaces. Alternative soundscapes could be experienced in existing road building lines. Wave-field synthesis is a spatial audio rendering technique that synthesises wave fronts from virtual acoustic sources. This creates a correspondingly virtual acoustic environment. It was discovered in 1988 by Professor Berkhout from the Delft University of Technology in the Netherlands. We can only document it in a print medium, rather than enable it to be experienced with the senses (see https://t1p.de/wfsa).
Dirk Meyhöfer

Kommentar
Rückblickend auf das Internationale Bauforum hat sich bei mir eingeprägt, dass es sich um ein junges, internationales, distinguiertes, informatives, lautes, offenes, buntes, bilderstürmerisches, anregendes, professionelles, disziplinübergreifendes, kulinarisches, zukunftsweisendes und kontrastreiches Ereignis gehandelt hat. Die Keynotes waren äußerst lehrreich und machten mehr als deutlich, dass die Stadt der Zukunft eine ist, wo Raum und Bewegung neu gedacht werden. Es war der Atmosphäre der Veranstaltung geschuldet, dass man auch als Laie mit anderen ins Gespräch kam, und die dabei geknüpften Kontakte blieben noch weit darüber bestehen. Ich freue mich zu seinem Gelingen beigetragen zu haben. **Prof. Dr. Georg Hajdu**

Comment
Looking back at the International Bauforum a year ago, it struck me that it was a young, international, distinguished, informative, loud, open, colourful, iconoclastic, stimulating, professional, interdisciplinary, culinary, forward-looking and contrasting event. The keynotes were extremely instructive and made it abundantly clear that the city of the future is one where space and movement are rethought. The atmosphere enabled even laypeople to get into into conversation with others, and the contacts made during the event have endured far beyond it. I am glad to have contributed to its success.
Prof. Dr Georg Hajdu

STADT, RAUM & MOBILITÄT
CITY, SPACE & MOBILITY

Das Modell der autogerechten Stadt des 20. Jahrhunderts – Vergangenheit. Die Städte mit Zukunft brauchen die Mobiltätswende: *Put People First!* Die Stadt soll denen, die zu Fuß und mit dem Rad unterwegs sind, zurückgegeben werden – eine großartige Forderung, eine plausible Wende, klima- und menschengerecht. Doch wie und wann soll sie erreicht werden? Beim Podiumsgespräch „Stadt, Raum & Mobilität" wurden verschiedene Ansätze diskutiert. Teilnehmerin Dr. Philine Gaffron (Technische Universität Hamburg) fasst sie zusammen.

The 20th-century car-friendly city is dead. Long live the transport revolution! It's time to *Put People First!* The city should be given back to pedestrians and cyclists. It is a magnificent demand, a feasible revolution that is both climate-friendly and people-friendly. But how is it to be achieved, and when? The "City, Space & Mobility" panel discussion brought a compact exploration to the Bauforum. This is the summary by one of the participants, Dr Philine Gaffron (Hamburg University of Technology).

Verbinden, nicht trennen

Magistralen sind einerseits Elemente der Orientierung und Verbindung, andererseits Barrieren, die städtische Funktionsräume unterbrechen und zusammengehörige Quartiere voneinander trennen. Eine Stadt braucht jedoch Magistralen, die sich organisch in die urbane Struktur einfügen, die räumliche Vernetzung ermöglichen und Aufenthaltsqualität bieten. Im Sinne eines zukunftsgerechten Zusammenspiels von Mobilität und Raum darf eine Magistrale also nicht nur dazu dienen, die Menschen quasi am Stadtrand einzusammeln, um sie dann zügig in die Innenstadt zu bringen. Sie ist nicht nur Durchgangsraum, sondern muss in einer polyzentrischen, wachsenden Stadt auch andere Aufgaben erfüllen. Unterschiedliche Stadträume entlang solcher Achsen sind wichtige Quellen und Ziele von Mobilität – und Orte, an denen Menschen wohnen, arbeiten, einkaufen oder ihre Freizeit verbringen. Zu diesem Zweck müssen sich Nutzungen entlang dieser Achsen verändern und Straßenräume anders aufgeteilt und gestaltet werden.

Klimawandel und Mobilitätswende

Lärm- und Luftbelastung, Platzverbrauch und Trennungswirkung, die durch aktuelle Verkehrsmengen erzeugt werden, müssen auf ein verträgliches Maß reduziert werden. In Zeiten des Klimawandels stellen asphaltierte oder gepflasterte Verkehrsflächen zudem eine Raumnutzung dar, die jede Stadt auch deshalb wohldosiert einsetzen sollte, weil sie sich in heißen Sommern äußerst ungünstig auf das Stadtklima auswirken und große Mengen schnell abfließenden Niederschlags bei Extremwetterereignissen die Entwässerungssysteme überfordern.

Ein Verkehrssystem mit deutlichem Schwerpunkt auf dem Umweltverbund, bestehend aus Fuß- und Radverkehr und öffentlichen Verkehrsmitteln (inklusive diverser Sharing-Angebote), gewährleistet eine wesentlich flächeneffizientere Mobilität, als wir sie heute kennen. Diese Verkehrsmittel beziehungsweise die Menschen, die sie nutzen, inklusive der Fußgängerinnen und Fußgänger, sollten auf Magistralen sicher und zuverlässig vorankommen können. Die Angebote müssen für alle Bevölkerungsgruppen erreichbar und leistbar sein und Mobilität auch dann ermöglichen, wenn unvorhergesehene Entwicklungen bestehende Nutzungsmuster (kurzfristig) infrage stellen.

Gedanken aus dem Panel

Prof. Kees Christiaanse (KCAP) plädiert dafür, sukzessive Parkraum zu verknappen und Fahrspuren umzunutzen. Morten Kabell (Copenhagenize Design Co.) empfiehlt das menschliche Maß als zentrales Kriterium der Flächenverteilung und -gestaltung. Henrik Falk (Hamburger Hochbahn AG) formuliert das Motto „Umweltverbund first", Steffen Braun (Fraunhofer IAO) glaubt, dass man auf 50 Prozent weniger Fläche 50 Prozent mehr Menschen bewegen kann. Ich selbst ergänze: Etwa die Hälfte aller Wege im motorisierten Individualverkehr sind gegenwärtig kürzer als fünf Kilometer – das bietet schon jetzt großes Potenzial für die Verlagerung auf umweltfreundlichen und CO_2-armen Verkehr.

Zusammengefasst

Hamburgs Magistralen sind weiterhin wichtige Mobilitätsräume – dank einer neuen Flächengerechtigkeit können sie gleichzeitig attraktive und resiliente Stadträume werden.
Dr. Philine Gaffron

SUMMARY

Connect, don't divide: The Magistralen are elements of orientation and connection as well as barriers that interrupt functional urban spaces and divide neighbourhoods. However, a city needs arterial roads that fit organically into the urban structure, that enable spatial networks and offer a high amenity value. In the interest of a future-proof interaction between mobility and space, however, a main thoroughfare ought to do more than just collect people on the outskirts of a city and deliver them quickly to its centre. It is not just a transit zone. In a polycentric, growing city, it must also fulfil other tasks. The different urban spaces along axes of this kind are important origins and destinations of mobility, and are places where people live, work, shop, or spend their leisure time. To this end, land uses along these axes must change and street space must be reallocated and designed differently.

Climate change and the mobility revolution: Noise and air pollution, the uptake of space and dividing effects of current traffic volumes must be reduced to acceptable levels. In times of climate change, paved or tarmacked surfaces also represent a use of space that every city should apply

Von links | from left: Prof. Kees Christiaanse (KCAP), Morten Kabell (Copenhagenize Design Co.), Dr. Philine Gaffron (Technische Universität Hamburg), Henrik Falk (Hamburger Hochbahn AG), Steffen Braun (Fraunhofer IAO)

sparingly because they have a highly unfavourable effect on the urban climate in hot summers, while large quantities of rapid water run-off during extreme weather events can place excessive strain on drainage systems. A transport system with a clear focus on the environmental alliance, one that consists of walking, cycling and public transport (including various sharing options), is capable of ensuring a mobility that is much more space-efficient than that which we know today. These modes of transport and the people who use them, including pedestrians, need to be able to travel safely and reliably along the Magistralen. Mobility options should be accessible to and affordable for all sectors of the population, and must guarantee mobility even if unforeseen developments call existing mobility patterns (temporarily) into question.

Leading ideas of the panel participants: Prof. Kees Christiaanse (KCAP) advocates a gradual reduction in space for parking and the reallocation of traffic lanes. Morten Kabell (Copenhagenize Design Co.) recommends the human dimension as a central criterion for the distribution and design of space. Henrik Falk (Hamburger Hochbahn AG) articulates the motto "put the environmental alliance first". Steffen Braun (Fraunhofer IAO) believes that 50 per cent more people can be moved in 50 per cent less space. I myself would add that about half of all journeys using motorised private transport are currently under five kilometres – this already represents great potential for a shift to environmentally-friendly and low-carbon transport.

To sum up: Hamburg's Magistralen continue to be important mobility spaces. Thanks to a new and fairer distribution of space, they can also become urban places that are both attractive and resilient.
Dr Philine Gaffron

EPILOG
EPILOGUE

03

Oben | above: Prof. Paola Viganò (Italien | Italy)

Rechts | right: Jeff Speck (USA)

KEYNOTES

Das Bauforum begann mit dem Blick nach außen: Inputs aus der großen Welt, für die Hamburg ja ein Tor ist. Der US-amerikanische Stadtplaner Jeff Speck sprach über Walkability. Paola Viganò, Architektin und Professorin an der Eidgenössischen Technischen Hochschule Lausanne (EPFL) und der Università Iuav di Venezia, präsentierte eine Reihe von strategischen Ansätzen für verschiedene Typen von Metropolen.

The Bauforum began with a view of life: inputs from the big world, to which Hamburg is a gateway. The American city planner Jeff Speck spoke about walkability. Prof. Paola Viganò (EPFL Lausanne and IUAV Venice) led a series of approaches to different types of metropolises.

PROF. PAOLA VIGANÒ: DESIGNING A DIFFERENT (HORIZONTAL) METROPOLIS

1. **Venice: no-car-scenario** The exploration of the Metropolitan Area of Venice, which is shaped by the network of water and asphalt, raised the question: Can a diffuse city work without cars? Can we imagine a no-car scenario – not only for the city centre but also for the outskirts? Slowing down the cars enables us to design space differently and experiment with a plurality of mobilities. We can free land for densification, new public spaces and new nature.

2. **Great Paris: porous city** The poor are mainly living in areas with highly fragmented and isolated spaces. That's spatial injustice. The goal is to establish generalised accessibility and continuity of space for everybody in all conditions in all the metropolis. We identified *traversées* (crossings) which can function to regenerate the tissues, establish continuity of transport, green spaces, public spaces, services.

3. **Brussels: horizontal metropolis** The spatial vision for Brussels 2040 deals with the city's qualities, which include the high density of infrastructure and the accessibility of green spaces – and its challenges, like social separation. The aim is to construct the metropolis horizontally not vertically – not in terms of building height but in a social sense. Reinforcing horizontal and non-hierarchical territorial relations, against centres and peripheries.

4. **Antwerp: entering the transition** The vision for the transformation and capping of the Antwerp ring highway follows the idea of realising a big long-term project by transforming fragments of space into elements of a shared and incremental language.

JEFF SPECK: WALKABILITY URBAN DESIGN

1. If people have a car, they drive, because it's so easy. How do we get people to make the choice to walk? The answer is: to walk has to be as good as to drive. The walk has to be useful, it has to be safe, it has to be comfortable and it has to be interesting. And that's how we have to design our cities.

2. Walkable places are the more successful places, they are healthier, wealthier and more sustainable.

3. A walkable city relies on transit. Because if we don't connect the walkable parts with each other in a way that doesn't require a car, then the car is still this mandatory device everyone needs to live their lives.

4. Any street that has more lanes than it needs is a street in which cars drive faster than they need to drive, it takes longer to cross the street, and it looks more like a highway, so drivers behave differently. This happens because engineers size the streets out of fear of congestion. But if you remove the congestion by adding more roadway, you create induced demand that quickly obliterates any improvement with more driving trips.

5. How do you make great Magistralen?: 1. fully mixed-used zoning, 2. more transit than cars, 3. complete, low-stress bike facilities, 4. urban design standards to create comfortable and interesting spaces.

WALKABLE CITY
RULES
101 STEPS TO
MAKING BETTER
PLACES
JEFF
SPECK
Internationales
Bauforum 2019
Magistralen

STADTRÄUME WERDEN ZU DENKRÄUMEN

URBAN SPACES AS THINKING SPACES

„Ich habe das Bauforum als ein arbeitendes, diskursives, konzentriertes Format erlebt, in dem man sich zurückziehen konnte, um einer Idee nachzugehen, um dann wieder in der großen Arena eine Öffnung zu suchen.“ Prof. Elisabeth Merk

“I experienced the Bauforum as a working, discursive, concentrated format from which one could withdraw to pursue an idea but then come back and explore an opening in the round.” Prof. Elisabeth Merk

Kollegiale Grüße aus München:
Prof. Elisabeth Merk

Collegial Greetings from Munich:
Prof. Elisabeth Merk

Für mich war das Bauforum 2019 eine außergewöhnlich lebendige und offene Auseinandersetzung mit Stadträumen für Hamburg – mit solchen, die wohl auch die Hamburgerinnen und Hamburger selbst so noch nicht als Magistralen beschrieben hätten. Es sind Orte, die noch nicht im Fokus stehen und die trotz ihres enormen Transformationspotenzials zuweilen als Leerstellen in der Stadt wahrgenommen werden. Durch das Experimentierfeld des Bauforums konnte ein kreatives Zusammendenken in diesen Räumen, die auf den ersten Blick stark im Maßstab auseinanderbrechen, indiziert werden. Gerade das offene Workshop-Format eröffnete die Gelegenheit, ohne die Formalitäten eines klassischen Wettbewerbs neue Bilder und Strategien für die Stadt zu entwerfen, die so glücklicherweise weniger einen quantitativen Ansatz für diese Räume aufzeigten, sondern sich eine größere Freiheit nehmen konnten.

Das Bauforum war für mich daher ein Reallabor, das sich der Orte annehmen konnte, wo heute bereits Menschen wohnen und ihre Heimat finden und an denen sich dennoch frei oszillierend Zukunftsperspektiven aufzeichnen lassen. Ich sage bewusst „aufzeichnen", denn die Arbeitsweise an Tischen mit Stiften, Arbeitsmodellen und allem, was so zur Hand war, machte neben dem digitalen Arbeiten für mich eine ganz große Qualität des Formats aus. Gleich zusammen in den Arbeitsgemeinschaften am Tisch in ein Labor des Augenblicks einzutauchen, sich sinnlich, ästhetisch berührt und gefordert zu erleben, nicht auf rein abstrakten Positionen verharren zu können – das war, angesichts der Größe und Maßlosigkeit der Aufgabe, die Magistralen für Hamburg zu erkunden, ein Erlebnis, das Lust auf Stadt in all ihren Facetten gemacht hat. Dieser Geist sprang nach meiner Beobachtung auf alle über, auf die interdisziplinären Teams, Hamburgs Zivilgesellschaft sowie externe Gäste und Beobachtende, und förderte so den Dialog über die inneren und äußeren Grenzen hinweg, über die materiellen Trägheitsmomente und über die ideellen Barrieren hinaus. Für Irritation sorgten auch die Querdenkerinnen und Querdenker als Teil des Gesamtteams und bewirkten so an der richtigen Stelle eine Musterunterbrechung der geballten fachlichen Kompetenzen. Kurzum: Aus vermeintlich bekannten banalen Stadträumen wurden spannende Denkräume und aus diesen wiederum Bildräume, die versuchten, für überzeugende Straßen- und Stadträume, öffentliche Räume und grüne Freiräume zu werben.

Keine Angst vor Bildern, ein Sich-Freidenken – so entstanden mögliche Porträts der Magistralen mit sehr unterschiedlichen Charakteren.

Anschaulich erfahrbar zu machen, was Stadt werden kann, ist der Verdienst und Erfolg dieses Bauforums. Eine große Anerkennung für die Verantwortlichen – hier liegt nun ein Ergebnis vor, das dem Hamburger Senat und den Bezirken einen guten Ansatz liefert, den Charakter der Magistralen partizipativ weiterzuentwickeln.
Prof. Elisabeth Merk, Stadtbaurätin München

SUMMARY

For me, the 2019 Bauforum was an extraordinarily lively and open examination of urban spaces for Hamburg, spaces that even the people of Hamburg themselves would probably not have described as Magistralen. These are places that are not yet the focus of attention: places that, despite their enormous potential for transformation, are sometimes perceived as empty spaces in the city. The testing ground of the Bauforum made it possible to manifest creative cooperative thinking about these areas that at first glance have a highly fragmented profile. Specifically, it was the open workshop format that opened up the opportunity to design new images and strategies for the city without the formalities of a conventional competition. Fortunately, these demonstrated a less quantitative approach to these spaces, instead allowing themselves greater freedom.

And so, for me, the Bauforum was a field test, able to address the places where people already live and have their homes, and yet still record perspectives for the future in free oscillation. I use the word "record" advisedly, because this method of working at tables with pens, working models and whatever else was at hand, along with the digital work, was as far as I was concerned a great feature of the format. Immediately sharing a table in a laboratory specific to the moment and immersing oneself in the working groups, experiencing sensory stimulus, aesthetic impulses and challenges and not being able to cling to purely abstract standpoints was, given the scale and enormity of the task of exploring the Magistralen for Hamburg, an experience that sparked an enthusiasm for the city in all its facets. As far as I could see, this was a spirit whose spark was felt by everyone, by the interdisciplinary teams, by people from Hamburg, and by external guests and observers: this meant that it fostered dialogue across internal and external boundaries, beyond the moments of material inertia and beyond the barriers to thought. The lateral thinkers, in their role as part of the overall team, also acted as disruptors and thus interrupted the patterns of concentrated professional expertise at the right points. In short, supposedly familiar, banal urban spaces became exciting thinking spaces, and these in turn became pictorial spaces that sought to advocate convincing street and urban spaces, public spaces and green open spaces.

There was no fear of images, of freeing up one's thoughts – and this led to possible portraits of the Magistralen that were very varied in character.

The merit and success of this Bauforum is to make it possible to experience vividly what a city can become. This is a great credit to the organisers – results have been generated that give the Hamburg Senate and the districts a good approach for continuing the development of the character of the Magistralen in a participatory way.
Prof. Elisabeth Merk, City Planning Officer of Munich

FUNDAMENT FÜR STÄDTEBAULICHE TRANSFORMATION

A FOUNDATION FOR URBAN TRANSFORMATION

„Kluge Bauherren stellen zuerst die Frage nach dem Baugrund. Grundbau und Gründung sind die Basis für alle Utopien und Visionen des zukünftig Gebauten. Ähnliches gilt für Städtebau und Stadtplanung. Hier ist das Bauforum der wirksame Ort, qualifiziertes Basiswissen zu sammeln." Reiner Nagel

"Clever developers ask about the site first of all. Earthwork and foundations are the basis for all utopias and visions of what is to be built. Urban development and planning are similar. Here, the Bauforum is the most effective place to gather expert basic knowledge." Reiner Nagel

Reiner Nagel (rechts) und Prof. Jörn Walter, ehemaliger Hamburger Oberbaudirektor

Reiner Nagel (right) and Prof. Jörn Walter, Hamburg's former Chief Planning Officer

„Baugrunduntersuchungen" wie Machbarkeitsstudien oder Programmplanungen sind inzwischen Bestandteile der Vorlaufphase Null erfolgreicher Projekte. Hamburg geht noch einen Schritt weiter und knüpft dabei an ein besonderes Format der Stadtentwicklung an, das inzwischen internationale Strahlkraft entwickelt hat: das Bauforum. Fachübergreifend und lebendig wird im Sommer 2019 dem Potenzial des Themas Magistralenentwicklung auf den Grund gegangen. Vieles ist noch vage, wird radikal neu gedacht, in Alternativen betrachtet, verworfen, geändert oder weiterverfolgt. Tastend und beharrlich wird nach tragfähigem Grund gesucht.

Baukultur ist auch Prozesskultur. Diese wachsende Erkenntnis führt zu immer qualifizierteren Planungs- und Beteiligungsverfahren. Bei zunehmender Komplexität und steigendem Aufwand schaffen es dabei nicht alle Verfahren, locker und für den nächsten Planungsschritt ergebnisoffen zu agieren. Manchmal kommen Freude und Spaß an der Entwicklung oder Planung der Stadt zu kurz – nicht so beim Hamburger Bauforum. Die Relevanz des Themas und das glaubhafte politische Anliegen, die Kompetenz der beteiligten externen und internen Planenden und die perfekte Organisation und Durchführung des Bauforums schaffen einen Ausnahmezustand und die konstruktive Grundlage für freies, fachübergreifendes, im Wortsinn kreatives Denken: offen, neuartig und originell.

Das Hamburger Bauforum schafft einen öffentlichen Planungsraum, bei dem die Information, die Reaktion und die Mitwirkungsmöglichkeit fachlich Interessierter und Beobachtender aus der Stadtgesellschaft Teil des Formats sind. Das Erfolgsrezept der Hamburger Bauforen lautet: in kooperativer Teamarbeit unverkrampft an Fragestellungen heranzugehen, bei denen sich andere Städte in Grabenkämpfen begegnen. So wird ein echter Perspektivwechsel möglich. Die notwendige Mobilitätswende wird dabei genauso konsequent vorgedacht, wie die frei werdenden öffentlichen Räume schon heute gesehen und die schlummernden städtebaulichen Potenziale in der zweiten Reihe exemplarisch planerisch aufbereitet werden.

Den Blick für Neues zu öffnen, für bisher Ungedachtes oder nicht für möglich Gehaltenes, ist eine Kernfunktion des Hamburger Bauforums; und die Erkenntnis, dass Innovation und machbare Erneuerung breitere Zustimmung und mehr Unterstützung finden als gedacht. Die inhaltliche und räumliche Einbindung aller sieben Bezirke ist nicht Zufall, sondern Teil des Strebens nach stadtweiter Verbindlichkeit. So wird ein stadtgesellschaftlicher Konsens ausgebildet, der als Fundament für den bevorstehenden, langwierigen Transformationsprozess belastbar ist.
Reiner Nagel, Vorstandsvorsitzender der Bundesstiftung Baukultur, Potsdam

SUMMARY

"Site investigations", along with feasibility studies and programme planning, are now part of the preliminary phase zero for successful projects. Hamburg goes one step further and adopts a particular urban development format that has since achieved international appeal, the Bauforum. In summer 2019, the topic of potential Magistrale development was examined in an interdisciplinary and lively manner. Much is still vague, much radically reconceived. Alternatives were considered, rejected, changed, or pursued further. It's a careful search for solid ground.

The culture of built environment is also an ongoing process culture. This growing recognition leads to an increasing quality of planning and participatory procedures. As complexity increases and investment takes place, not all processes manage to remain flexible and open for the next stage of planning. Sometimes the joy and fun are absent when it comes to city development or planning. This was not the case with the Hamburg Bauforum. The relevance of the topic and the credible political concern, the competence of the external and local planners involved and the perfect organisation and implementation of the Bauforum created an exceptional situation and a constructive basis for free, interdisciplinary and literally creative thinking: open, novel and original.

The Hamburg Bauforum creates a public planning space in which information, reaction and the possibility of participation by those with a professional interest and observers from urban society are part of the format. However, the fact that discussions, lectures or tours meet with such a good and constructive response is also due to the casual setting that the organisers have created, with rooms and catering. This is probably the Hamburg Bauforum's recipe for success: adopting a spirit of cooperative teamwork in order to approach issues in a relaxed manner that in other cities would lead to pitched battles. In this way, a real change of perspective becomes possible. In the same way that the necessary turnaround in mobility is being consistently thought through, the public spaces that will be freed up are being considered now and the dormant potential for second-tier urban development is being explored in an exemplary planning process.

One of the core functions of the Hamburg Bauforum is to open the mind to new things, to things previously unthought-of or not considered possible. So is the realisation that innovation and feasible renewal find broader approval and more support than anticipated. The integration of all seven districts, both spatially and in terms of content, is no coincidence, but is part of the ambition to achieve city-wide connectivity. In this way, a consensus in urban society is formed that can be a solid foundation for the forthcoming, lengthy transformation process.
Reiner Nagel, Chairman of the Bord, Bundesstiftung Baukultur, Potsdam

EVENT-IMPRESSIONEN

HIGHWAYS TO THE FUTURE

Es war riskant: 14 interdisziplinäre Teams, hauptsächlich zusammengesetzt aus 55 Büros aus den Bereichen Architektur, Stadt-, Landschafts- und Verkehrsplanung, traten mit- oder gegeneinander an, um neue Perspektiven für Hamburgs Magistralen zu entwickeln. Nach Meinung von Dr. Ursula Baus ist das Experiment gelungen.

It was risky: letting 14 interdisciplinary teams, largely put together from 55 firms from the fields of architecture, urban and landscape design and traffic planning, compete with – or against – one another in order to develop new perspectives for Hamburg's Magistralen. In the view of Dr Ursula Baus, the experiment was a success.

Teilnehmende Beobachtung aus Stuttgart: Publizistin Dr. Ursula Baus schreibt an ihrem Bauforum-Logbuch.

Participatory observation from Stuttgart: the publicist Dr Ursula Baus writing her Bauforum logbook.

Sind (Stadt-)Planungsprozesse in Deutschland sonst langatmige Dramen, kommt mir die Hamburger Bauforumswoche wie ein seltenes Dramolett vor – kurzweilig, gut gespielt und bemerkenswert inszeniert. Auf der Bühne: Lokalmatadore, Vertreterinnen des Architektenjetsets, die üblichen Verdächtigen aus den akademischen Zirkeln und Spezialistinnen und Spezialisten aller Art. Zudem treten auf: Organisatoren, gefühlt tausend hilfreiche, gut gelaunte Heinzelmännchen und -frauchen, ein nimmermüder Fotograf, diverse Statistinnen und Statisten; und nicht zuletzt der Oberbaudirektor selbst, zugleich Beobachter und Regisseur, der jetzt, da alle da sind, kaum mehr eingreifen kann – allenfalls als eine Art Coach, dort, wo das Dramolett ins Stocken gerät. Es sind alle dem Ruf in die Hansestadt gefolgt, die mal nichts „mit Wasser" lanciert hat: keinen Sprung über die Elbe, nichts Neues an der Alster, keine Nobilitierung schmuddeliger Hafenbecken. Vielmehr geht es um die drögen Strecken rein und raus aus Hamburg, Verkehrsschneisen, Spuren der fehlentwickelten, autogerechten Stadt. Magistralen? Boulevards? 1956 schwärmt Yves Montand von Paris: „J'aime flâner sur les grands boulevards, Y a tant de choses [...] à voir" (Ich spaziere gerne auf den großen Boulevards; es gibt so viele Dinge zu sehen).

Aber Hamburgs Einfallschneisen als Boulevards? Wenn die sich mal nicht verheben.

Am ersten Abend beschnuppern sich alle beim Welcome-Dinner und fragen sich, was auf sie zukommt. Die Teams sind von der Ausloberin bereits zusammengestellt worden. Wer kann mit wem, wer mit wem auf keinen Fall? Immerhin werden die Teams dicht an dicht in die Deichtorhallen gebannt sein, wo sie zwar optisch abgetrennte Arbeitsnischen haben, es aber akustisch die Hölle sein wird: Jeder hört jede, es wird gelacht und gestritten, zum Glück ist das Wetter gut und man kann raus an die frische Luft.

Hamburgs Deichtorhallen gleichen vom ersten Tag an einem Taubenschlag, es riecht nach Stress. Ein paar Journalistinnen und Journalisten beobachten das Ganze, hier ist es eng, dort weitläufig, der Fotograf kriegt keinen Überblick vor die Linse und steigt deswegen auf eine Leiter. „Leute, da muss etwas entstehen", ist die unausgesprochene, permanent in der Luft liegende Forderung.

Am dritten Tag wird es eine Zwischenpräsentation geben: Rasch braucht es Ideen, Bilder, anschauliche Begriffe. Es wird viel debattiert, Argumente und Themen werden kreuz und quer ausgetauscht. Mobilitätswende? Die ist (nicht nur) ein Großhamburger Problem. Aber welche Konzepte funktionieren ohne Aussagen zum Verkehr? Man kann doch nicht auf die Mobilitätswende warten! Einige Gruppen haben begriffen: Green-Mobility, Bike-Highways, Hyperloops ... Soll das alles denn einen Bezug zur Realität haben? Die Technologie ist digital sowieso schneller als wir mit der Planung.

Klar, an den Magistralen kann man nachverdichten; Wohntypologien aufbrechen. Grünräume sollte man auf keinen Fall anknabbern. Brauchen wir Leuchtturmarchitektur? Einen Leuchtturm der Stadtentwicklung gibt es: Schumachers „Federplan" geht keinem aus dem Kopf.[1]

Keine Magistrale gleicht der anderen. Und keine Gruppe arbeitet wie die andere. Hier sitzen sie stumm vorm Computer und generieren erschreckend konkrete Bilder. Dort wird eine Skizzenrolle nach der anderen vollgekritzelt, da wird mit Hartschaum und Pappe gebastelt, es laufen Spielzeugelefantenherden auf, auch Lego kommt zum Einsatz. Die Dimension der Magistralen, der Stadtkorridore, scheint ungewohnt. Mikro- und Makroebenen sind zu bespielen. Topografien erreichen Unterschiede von 60 Metern. Die süddeutsche Chronistin fragt: „Wie bitte? Das nennst du Topografie?"

Zeig mir deine Straße, und ich sag dir, was du bist. „Multistrale", „Milky Way", „Green Boulevard", „Kartoffelplan". „From Freeway to Leeway". Differenzieren. Alte Zentren stärken, *activate the strip, but slow down*.

Die Zwischenpräsentation am dritten Tag erdet die Teams. Bezirkspolitikerinnen und -politiker rufen Bebauungspläne und die Regionalplanung ins Gedächtnis. Dabei geht es doch ums Ganze. Konventionen aufgeben, die Freiheit nutzen, um sich über den Planungsalltag hinwegzusetzen. Nicht nur die Verkehrsplanerinnen und -planer werden renitent. Die Querdenkender fühlen sich von den erfahrenen Praktikern missachtet und sammeln sich zum eigenen „Team".

Das Finale wird fulminant. Ja, Architekten und Architektinnen sind gute Darsteller, der Oberbaudirektor und seine Senatorin, einfach alle sind beeindruckt von dem, was so schön werden könnte. Das Dramolett erweist sich als „Lust"-Spiel. Es ist viel analysiert, durchdacht, beredet und entworfen worden in dieser Bauforumswoche. Es gibt beflügelnde Ergebnisse, viel Applaus. Und die Frage: Was kommt jetzt?

Die meisten möchten wiederkommen und weitermachen.

Dr. Ursula Baus aus Stuttgart ist Architekturkritikerin. Sie hat das Bauforum von Beginn bis zum Ende beobachtet.

1 Siehe dazu auch Seite 46, dort wird auf Schumachers „Federplan" und auch auf einen Pfauenfederplan eingegangen, der von mehreren Teams in Betracht gezogen wurde.

SUMMARY

If (town) planning processes in Germany are generally long-winded dramas, the week of the Hamburg Bauforum seemed to me to be a strange mini-drama – entertaining, well acted and remarkably staged. On stage: local heroes, representatives of the architectural jet set, the usual suspects from academic circles and specialists of all kinds. Also appearing: what feels like a thousand helpful, good-humoured elves, a tireless photographer, various extras and, last but not least, the Chief Planning Officer himself, acting both as an observer and a director, who can hardly intervene now that everyone is there, unless it's as a kind of coach if the mini-drama gets bogged down. Everyone has responded to the call from Hamburg, which this time doesn't involve initiating anything water-based. No leap across the Elbe, nothing new by the Alster, no ennoblement of grubby harbour basins. Instead it's all about the dreary routes in and out of Hamburg, traffic corridors, trails of the mis-developed, car-friendly city. Magistralen? Boulevards? In 1956, Yves Montand went into raptures about Paris: "J'aime flâner sur les grands boulevards, Y a tant de choses ... à voir" (I like to stroll along the major boulevards. There are so many things to see).

But Hamburg's approach roads as boulevards? Might they be overreaching themselves?

On the first evening, everyone eyes each other up at the welcome dinner and wonders: What's in store for them? The teams have already been put together by the competition authorities. Who can work with whom, and who can't work with whom at any price? This is because the teams are banished cheek by jowl to the Deichtorhallen where, although they have visually separate work niches, acoustically it's sheer hell: Everyone can hear everyone else. There's laughter and there are arguments. Fortunately, the weather's good and you can get out for some fresh air.

Hamburg's Deichtorhallen now resemble a dovecote; it smells of stress. A few journalists are watching the whole thing; here it's tight, there it's spacious; the photographer can't get a wide shot and so climbs a ladder.

On the third day there's to be an interim presentation. Ideas are needed in a hurry, along with pictures and vivid terms. There's a lot of discussion; arguments and topics are tossed about, criss-cross. Transport revolution? That's (not just) a Greater Hamburg problem. But which concepts work without statements about traffic? You can't wait for the transport revolution! Some groups have grasped it: Green Mobility, Bike-Highways, Hyperloops ... Is this all meant to have some bearing on reality? Digital technology is much faster than we can be with our planning in any case.

Sure, you can go for densification along the Magistralen. Break up residential typologies. Green spaces should not be nibbled away at under any circumstance. Do we need flagship architecture?

But there is an urban development flagship – Schumacher's "Federplan" (feather plan) – that no one can forget[2].

No two Magistralen are alike. And no two groups work in the same way. Here they sit silently in front of their computers and generate frighteningly concrete images. There one roll of sketching paper after another is filled with scribblings, and here they're modelling things with rigid foam and cardboard. Herds of toy elephants gather, and Lego comes into its own as well. The dimensions of the Magistralen, the city corridors, seem unfamiliar. Microlevels and macrolevels need to be considered. There are differences in topographies of up to 60 metres. This South German chronicler asks: "Excuse me? Do you call this topography?"

Show me your street, and I'll tell you what you are: "Multistrale", "Milky Way", "Green Boulevard", "Kartoffelplan". "From Freeway to Leeway". Differentiate. Strengthen old centres, activate the strip, but slow down.

"People, something needs to be created here," is the unspoken, permanently present demand. The interim presentation on day three brings the teams down to earth. District politicians call to mind development plans and regional planning. But this is about the big picture. Abandon conventions. Use the freedom to disregard day-to-day planning.

It's not just the traffic planners who are becoming stubborn. The lateral thinkers feel disregarded by the experienced practitioners and unite to form their own "team".

The finale is brilliant. Yes, architects are good performers. The Chief Planning Officer and his Senator are all impressed by something that could prove so beautiful. The mini-drama proves stimulating to the pleasure centres. A great deal has been analysed, thought through, discussed and designed in this week-long Bauforum. There are inspiring results; there is lots of applause, and a question: What's next?

Most people want to come back and carry on.

Dr Ursula Baus from Stuttgart is an architecture critic. She observed the Bauforum from start to finish.

2 see page 46 for a discussion of Schumacher's "Federplan" (feather plan) as well as the "Peacock Feather Plan" that several teams considered.

Das Bauforum lebt: Peter L. Wilson (BOLLES+WILSON, D) demonstriert im Rahmen der Abschlusspräsentation für seine Ideen.

Living Bauforum: Peter L. Wilson (BOLLES+WILSON, D) demonstrates for his ideas as part of the final presentation.

6 TAGE, 14 TEAMS, 7 MAGISTRALEN – GIBT ES EINEN KONSENS?

6 DAYS, 14 TEAMS, 7 MAGISTRALEN – IS THERE A CONSENSUS?

Darin waren sich alle einig: Die Ein- und Ausfallstraßen, die in Hamburg Magistralen heißen, sind ein wichtiges Zukunftsthema für die Entwicklung der Städte – nicht nur für Hamburg. Einige Ideen und Debatten des Bauforums wollen wir zusammenfassen. Erfahrungsgemäß werden die Wirkungen dieser intensiven Arbeitswoche aber erst viel später beurteilt werden können.

Everyone was in agreement: Hamburg's arterial roads, known in Hamburg as Magistralen, are an important theme for the future development of cities – and not only in Hamburg. Our aim here is to summarise some of the ideas and debates from the Bauforum. But experience shows that we will only be able to judge the effects of this intensive week's work at a much later date.

„Der Hamburger Senat hat sich für diese Legislatur (2020–2025) das Ziel gesetzt, einen Masterplan Magistralen zu erarbeiten. Als Senatorin für Stadtentwicklung und Wohnen nehme ich aus diesem Bauforum eine Vielfalt von Anregungen mit. Die Herausforderungen der diversen noch ungenutzten Möglichkeiten werden uns über viele Jahre intensiv beschäftigen. Es wird Zeit, Geld und weitere Expertise brauchen, damit die gewünschten positiven Veränderungen für alle spürbar und sichtbar werden. Auf diese spannende Aufgabe freuen wir uns!"

Dr. Dorothee Stapelfeldt,
Senatorin für Stadtentwicklung und Wohnen, Hamburg

Das Wachstum der Stadt: Fokus auf die Innenentwicklung

Ein wichtiger Anlass für die Themensetzung des Bauforums war zweifelsohne Hamburgs langsames, aber stetiges Bevölkerungswachstum. Die Frage, wo wir künftig Platz zum Bauen finden und dabei gleichzeitig unsere Landschaftsräume schützen, lag und liegt im Fokus der Stadtentwicklung.

Alle Teams haben diese Frage mit bemerkenswerter Sensibilität und großem Respekt gegenüber dem Bestand aufgegriffen und die kleinteilige Stadtreparatur auch an diesen Orten auf die Agenda gesetzt. Mit viel Spürsinn haben sie Potenziale ermittelt und aufgezeigt, wo Menschen in der ersten, zweiten und dritten Reihe entlang der Magistralen zukünftig wohnen, arbeiten und sich erholen können – ein Gewinn für die betreffenden Quartiere – und wo die Schichten der Stadt weiterhin sichtbar bleiben können und so manche historische Perle einen angemesseneren Rahmen erhalten kann.

Große Aufmerksamkeit hat das Bauforum zudem der Emanzipation der Äußeren Stadt geschenkt. Diese hat eine andere Ausgangssituation, ein anderes Ortsbild, eine andere Baukultur als die City und die Innere Stadt. Die städtebauliche Aufgabe besteht hier darin, die Verbindung zu den angrenzenden Ländern und Kommunen auszugestalten.

Neue Stadtbausteine

Wer unter den Ergebnissen des Bauforums nach aufregenden Architekturentwürfen sucht, wird nicht wirklich fündig werden. Warum? Die Aufgabe lautete, sich mit der Dramaturgie der 8 bis 20 Kilometer langen Magistralen und dem sie umgebenden Stadtraum zu befassen. Es wurde den jeweiligen Teams freie Hand gelassen beim Kreieren der Architekturentwürfe für die ausgewählten Orte. Der inhaltliche Schwerpunkt vieler Teams lag aber darauf, sich baulich-typologisch und funktional mit neuen Gebäudestrukturen auseinanderzusetzen. Die Debatte war und bleibt spannend, weil sie strukturell alle künftig Beteiligten betrifft: die Entwerfenden, die Investoren, die Politik, die Verwaltung, die Öffentlichkeit. Wer baut an diesen bis dato unbeachteten Orten was, für wen, in welcher Qualität und leistet damit auch einen wichtigen Zukunftsbeitrag für den Magistralenraum insgesamt?

Das Bauforum lieferte erste Skizzen, eindrucksvolle Ideen und fundierte Debatten zu künftigen hybriden Gebäuden, etwa Mobilitäts-Hubs und Community-Services, zur Gestaltung von Erdgeschossen und vertikalem Funktionsmix. Vielfach wurde der Ansatz deutlich, mit neuen Gebäudetypologien mehr städtebauliche Vielfalt zu schaffen.

Auch der „Dialog" der jeweiligen Magistrale mit den anliegenden Quartieren wurde intensiv bearbeitet. An vielen Orten ergeben sich Chancen für neue Netzwerke zwischen den Nachbarschaften und den Parks und Promenaden. Auch das Vokabular der Magistralen – Zentren, markante Kreuzungen, grüne Bänder und Tore, historische Brüche, schnelle und langsame Abschnitte – hat alle beschäftigt, denn Begriffe prägen unser Verständnis der Wirklichkeit.

Freiräume – öffentlicher Raum

„Die Boulevards von morgen?" – so lautete der provokante Titel zum Programmheft der Bauforumswoche. Viele große Fragen verbergen sich dahinter – auch die nach der Gestaltung des Freiraums und seinen grünen Qualitäten. Die Teams haben die Profile der Magistralen sorgfältig erkundet und ihre Konzepte, als Angebot an alle Anliegerinnen und Anlieger sowie Durchreisende, darauf aufgebaut. Dabei sind und bleiben die Erdgeschosszonen der Schlüssel zu einem lebendigen, attraktiven öffentlichen Raum, der einer einheitlicheren Gestaltungsidee bedarf. Ein reicher Fundus an Vorschlägen für die Implementierung von Übergängen, Eingängen in die Quartiere und zu angrenzenden Landschaftsräumen liegt nun vor.

Viele kreative Ideen wurden entwickelt, wie die „Parklane", das „Kanalviertel" und die Verknüpfung des Hamburger Stadtparks mit der grünen Mitte der Bürostadt City Nord aus den 1960er Jahren.

Mobilität der Zukunft

Im Rahmen des Forums wurde eine zentrale Debatte über die zukünftige Mobilität in der Stadt vor dem Hintergrund der Klimaziele und der Steigerung der Lebensqualität geführt. Welche Chancen sehen wir heute, die belastenden Emissionen zu reduzieren, gleichzeitig dem öffentlichen Nahverkehr und weiteren umweltfreundlichen Mobilitätsformen mehr Raum zu eröffnen und damit eine neue Aufenthaltsqualität zu ermöglichen?

Die Teams haben ein zügiges Umsteuern in Bezug auf den motorisierten Verkehr gefordert – trotz unsicherer Entwicklungsprognosen. Es bestand ein breiter Konsens darüber, dass der heutige Charakter der Magistralen – als Durchgangsräume für Pendlerverkehre und gebündelte innerstädtische Stadtverkehrsströme – zugunsten einer neuen Flächenaufteilung des öffentlichen Raums strukturell zu verändern ist. Ziel sollten lokal angemessene, integrativ geplante Lösungen für den öffentlichen Raum sein, und zwar sowohl für den Fußgänger- und Radverkehr als auch für die Anwohnerschaft.

Baukultur und Governance

Gerade die planende Zunft kennt den langen Verhandlungsprozess gut, der zwischen Idee und Umsetzung liegt und viele unterschiedliche Interessen zu einer qualitätsvollen Lösung zusammenführen muss. Über diesen Weg wurde im Rahmen des Bauforums mit Politik, Investoren, Wissenschaft, Öffentlichkeit und in den Teams debattiert. Viele Argumente gab es für ein neu zu organisierendes integratives Miteinander, etwa ein „Magistralen-Management 2020+".

Weitere Argumente richteten sich auf eine künftig noch stärker als Taktgeberin agierende Stadt und mehr bodenpolitische Steuerung seitens der öffentlichen Hand.

Auch der in dieser Woche auflebenden Kultur des Bauforums – offen für neues Denken, aufmerksam gegenüber anderen Positionen, flexible und temporäre Lösungen suchend, gesellschaftliche und technische Innovationen integrierend – wurde große Bedeutung für die künftige Prozesskultur zugewiesen.

Im Fokus stand immer die Devise, die wir als Titel dieses Buches ausgewählt haben und die ein ideales Schlusswort darstellt: *Put People First!*

Oberbaudirektor Franz-Josef Höing bekommt bei der Endpräsentation symbolisch den Staffelstab überreicht.

Chief Planning Officer Franz-Josef Höing symbolically takes the reins at the final presentation.

The growth of the city: focus on interior development

One important reason for the theme chosen for the Bauforum was undoubtedly Hamburg's slow but steady population growth. The question of where we will find space to build in the future while at the same time protecting our landscape areas is and continues to be a focus of urban development.

All the teams addressed this question with remarkable sensitivity and great respect for the existing building stock and also put small-scale urban repair on the agenda here.

They showed a great deal of intuition in identifying potential areas where people in the first, second and third tiers of development along the Magistralen will be able to live, work and relax in the future – a bonus for the neighbourhoods concerned; and where the layers of the city can continue to remain visible, giving some of the historical pearls a more appropriate setting.

The Bauforum also paid great attention to the emancipation of the outer city. These suburbs have a different starting point, a different cityscape and a different building culture from the city centre and inner-city areas. The task for urban planning here is to shape the connection to the neighbouring federal states and municipalities.

New city building blocks

Anyone anticipating exciting architectural designs among the results of the Bauforum will not really find what they are looking for. Why? The task was to deal with the dramaturgy of the Magistralen, ranging in length from 8 to 20 kilometres, and the urban spaces surrounding them. The respective teams were given a free hand in creating the architectural designs for the selected locations. The main focus for many teams, however, was to address new building structures in terms of construction, typology and function. The debate remains exciting because it structurally affects all those involved in the future: the designers, the investors, the politicians, the administrators and the public. Who should be building what, for whom and in what quality in these hitherto neglected locations, and thus also make an important contribution to the future of the environments of the Magistralen as a whole?

The Bauforum provided initial sketches, impressive ideas and in-depth debates about future hybrid buildings, such as mobility hubs and community services, the design of ground floors and vertical functional mixes. Creating more urban diversity with new building typologies was an approach that became apparent in many cases.

The "dialogue" between the Magistrale in question with its adjacent neighbourhoods

"The Hamburg Senate has set itself the goal of developing a Masterplan for the Magistralen during this legislative period (2020–2025). As Minister of Urban Development and Housing, I have taken away a whole range of suggestions from this Bauforum. The challenges of the various as yet unused opportunities will keep us very busy for many years to come. It will take time, money and further expertise to make the desired positive changes tangible and visible for everyone. We are looking forward to this exciting task!"

Dr Dorothee Stapelfeldt,
Minister of Urban Development and Housing, Hamburg

was also worked on intensively. In many places there are opportunities for new networks between the neighbourhoods and the parks and promenades. The vocabulary of the Magistralen – centres, prominent junctions, green ribbons and gateways, historical ruptures, fast and slow sections – also demanded everyone's attention, since terminology shapes our understanding of reality.

Open spaces – public spaces

"Tomorrow's boulevards?" was the provocative title of the programme booklet for the Bauforum week. A host of major questions hide behind it – including about the design and green qualities of open spaces.

The team carefully explored the profiles of the Magistralen and based their concepts on them, as an offer to all the area's residents as well as those passing through. The ground-floor zones remain the key to lively, attractive public spaces that require more uniform design ideas. A rich resource of suggestions for implementing transitions and gateways to the neighbourhoods and their adjacent landscape areas is now available.

Many creative ideas were developed, such as "Parklane", the "Kanalviertel" and the linking of Hamburg's Stadtpark with the green centre of the 1960s City Nord office district.

Future mobility

A central debate on future urban mobility in view of climate goals and the improvement of quality of life played out during the forum. What opportunities can we see today for reducing polluting emissions while at the same time giving more space to public transport and other environmentally friendly forms of mobility and thus enabling new amenity value?

The teams called for a rapid change of track in relation to motorised traffic, despite uncertain development forecasts. There was a broad consensus that the current character of the Magistralen – as transit areas for commuter traffic and consolidated inner-city traffic flows – should be structurally changed in favour of a new distribution of public space. The goal should be locally appropriate, integratively planned solutions for public space, both for pedestrian and bicycle traffic and for residents.

Built environment and governance

The planning community is well aware of the long negotiation process that lies between an idea and its implementation and that must bring together many different interests to produce a high-quality solution. This was the approach taken during the Bauforum for a debate with politicians, investors, academics, the public and in the teams. There were many arguments in favour of organising a new kind of integrative cooperation, such as a "Magistralen-Management 2020+".

Further arguments advocated a city that should be a stronger pace-setter in future and a bigger role for the public authorities in directing land policy.

The culture of the Bauforum that came alive during the week – open to new thinking, attentive to other positions, seeking flexible and temporary solutions, integrating social and technical innovations – was also accorded great importance for future procedural culture.

The focus was always on the motto we chose as the title for this book, and which is also an ideal final word: *Put People First!*

MITWIRKUNG

PARTICIPATION

Speaker, Talkteilnehmende und Moderierende
Kristina Bacht, Thomas Bestgen, Uwe Bodemann, Steffen Braun, Kees Christiaanse, Henrik Falk, Paolo Fusi, Philine Gaffron, Georg Hajdu, Christoph Heinemann, Franz-Josef Höing, Matthias Iken, Peter Jorzick, Morten Kabell, Martin Kläschen, Bernd Kniess, Johannes Lichtenthaler, Karoline Liedtke, Elisabeth Merk, Reiner Nagel, Julian Petrin, Cordelia Polinna, Wolfgang Michael Pollmann, Andreas Rieckhof, Lydia Rintz, Jessica Schlage, Ullrich Schwarz, Klaus Sill, Jeff Speck, Paola Viganò, Jörn Walter

Fachbeirat
Steffen Braun, Uwe Czaplenski, Franz-Josef Höing, Karoline Liedtke, Elisabeth Merk, Reiner Nagel, Cordelia Polinna, Ullrich Schwarz

Expertinnen und Experten der Senatsbehörden
Carola Adel, Bettina Anders, Olaf Böhm, Hanna Bornholdt, Olaf Brockmeyer, Karen Bruns, Sven Clausen, Stephan Deyß, Holger Djürken-Karnatz, Karin Gaedicke, Rebekka Hofmann, Heike Hohmann, Hendrik Hollstein, Klaus Hoppe, Joana Jaguttis, Alina Kraake, Arne Kuchenbecker, Tobias Langguth, Jörg Lühmann, Stefan Mundt, Michael Munske, Kirsten Pfaue, Gudrun Pieroh-Joußen, Uwe Schacht, Taina Schmalfedt, Beatrix Schmidt, Christoph Schwarzkopf, Hagen Seifert, Dana Vornhagen, Gabriele Wahler, Hans-Christian Wedemann, Gerrit Wiarda, Joachim Wiucha

Expertinnen und Experten der Bezirke
Michael Bigdon, Frank Conrad, Uwe Czaplenski, Johannes Gerdelmann, Antje Germer, Gabriele Göller-Meier, Bodo Hafke, Karl Heinz Humburg, Arne Klein, Hans Lied, Sven Menke, Jörg Penner, Jakob Schmid, Axel Schneede, Rolf Schuster, Jan Philipp Stephan, Timo Weedermann-Korte

Behörde für Stadtentwicklung und Wohnen
Barbara Ketelhut, Luise Köhler, Claudius Lieven, Veit Netzeband, Marit Pedersen, Constanze von Szombathely, Janet Wassermann, Christina Wittich

Büro Klass
Ana Laura Campos-Vollmer, Sonja Steven, Kerstin Tolpeit, Sarah Tolpeit

Cobra
Timo Buchner, Marcel Essmann, Egmont Ganske, Trutz Gebhardt, Jan Görmer, Matthias Jänig, Kevin Kroll, Ricardo Mandlin, Sebastian Meier, Steven Meyer, Kalle Reichert, Ralf Schacht, Hendrik Thode

Deichtorhallen
Daniela Guhl, Thomas Heldt-Schwaten, Bert Antonius Kaufmann, Dirk Luckow, Ivo Schob

deine°°agenten
Ilka Krause, Birte Krüger, Katharina Krüger

Digitallabor
Thomas Adolphi, Klaas Hartnack, Stefan Höffken, Daniel Kulus, Antje Kunze, Mateusz Lendzinski, Angelika Reil, Lutz Ross, Matthew Smilie

Fotografen
Carsten Rabe, Michael Zapf

Her Style
Isabell von Ohlshausen

Hirn und Wanst
Aron Krause-Arlt, Leon David, Victor Gamke, Sven Grell, Lena Katharina Krause, Jan Lewandowski, Kerstin Schaefer, Marco Antonio Reyes Loredo, Christoph Rohrscheidt, David Voges, Marcel Wicker

Kitchen Guerilla
Adrian, Alea, Alex, Alexandra, Ali, Andon, Andreas, Antonia, Arne, Ben, Bernd, Bianca, Catalina, Christian, Christina, Collin, Djawid, Emin, Gökan, Greta, Jamal, Jessica, Jose, Kimberly, Kitty, Konstantin, Koral, Lina, Lisa, Lydia, Marina, Marlon, Miles, Murat, Nacho, Nadine, Naomi, Nasrin, Nicole, Onur, Robert, Sashi, Shirin, Tim, Tom, Torge, Victor, Volkan, Yekaterina

Kulturelles Rahmenprogramm
SPIIC Ensemble, Fredrik Gertten, Swaantje Güntzel, Dietrich Habenicht, Museumshafen Harburg e.V., Rolf Kellner, Laura Klöckner, Martin Kohler, Holger Kraus, Vlatko Kucan, Mathias Lintl, Gerd Madda Matthias, Jan Philip Scheibe, Palais Schaumburg

Konferenzdolmetscher Hamburg
Anne Agius, Monika Ott, Werner Töpperwien, Silke Menn Wilhelmi

Dolmetscherinnen und Dolmetscher Bustour
Olaf Bartels, Marcel Bohnen, Uwe Carstensen, Kai Michael Dietrich, Sebastian Maaß, Johannes Robert, Bettina Schön

Schlesiger
Mathias Benzmann, Lukas Demelt, Marc Düse, Hassan Essmaeili, Marvin Gerlach, Ramona Polzin, Marcus Raabe, Viktoria Rapp, Christopher Rateike, Rainer Schildt, Daniel Schlesiger, Michael Schneider, Adrian Siemssen, Aylin Yilmaz

Texturban
Rainer Müller

Urban Attitude
Rudolf David Klöckner

Urbanista
Alice Almatni, Bastian Austermann, Kalle Broszeit, Hannah Buck, Vincent Bunk, Markus Ewald, Lea Fast, Sarah Fischer, Jana Gregorczyk, Katharina Grön, Astrid Großmann, Tobias Hage, Johannes Hanisch, Christian Heinrich, Tobias Hoss, Christian Jugler, Stefanie Kadenbach, Birte Kepp, Björge Köhler, Sven Kohlschmidt, Jasmin Kunze, Tristan Lannuzel, Dominik Linder, Sven Lohmeyer, Jennifer Malecki, Niklas Mogilka, Sophie Naue, Markus Nollert, Mert Özkan, Julian Petrin, Sandrine Popko, Eva Reidl, Sören Rothert, Suitbert Schmitt, Marlene Simmig, Karen Stender, Anna Wildhack

Wellenfeldsyntheseanlage
Marco Antonio Reyes Loredo, Sven Grell, Georg Hajdu, Fredrik Mathias Josefson, Aron Krause-Arlt, Kristin Kuldkepp, Janina Luckow, Johann Niegl, Kerstin Schaefer, Jacob Sello, Stefan Troschka, Rama Gottfried, John MacCallum, Heinz Ulbrich

Wir bedanken uns für die Unterstützung durch:
HAW Hochschule für Angewandte Wissenschaften Hamburg, Hamburger Architektursommer e.V., HCU HafenCity Universität Hamburg, HfMT Hochschule für Musik und Theater Hamburg, Lärmkontor GmbH Ingenieurbüro für Immissionsschutz und Bauphysik, LGV Landesbetrieb Geoinformation und Vermessung Hamburg, virtualcity SYSTEMS GmbH

IMPRESSUM

IMPRINT

© 2020 by jovis Verlag GmbH
Das Copyright für die Texte liegt bei den Herausgebern bzw. den jeweiligen Autoren/Autorinnen; *Texts by kind permission of the editors/the authors.*

Das Copyright für die Abbildungen liegt bei den Fotografen/Inhabern der Bildrechte; *Pictures by kind permission of the photographers/holders of the picture rights.*

Alle Rechte vorbehalten; *All rights reserved.*

Umschlagmotiv; *Cover*: Yundi He, DFZ ARCHITEKTEN, Hamburg

Abbildungen; *Images*: Behörde für Stadtentwicklung und Wohnen, Landesbetrieb Geoinformation und Vermessung (Kartengrundlage) und urbanista (grafische Bearbeitung) (S. 2), Behörde für Stadtentwicklung und Wohnen (S. 10), Thomas Hampel (S.16, 17, 18, 19), Hans Harms/iStock by Getty Images (S. 47), Swaantje Güntzel (S.104, 105), Carsten Rabe (S. 14, 20, 21, 22, 23, 26, 36, 50, 60, 74, 84, 91 (außer 2. Reihe links, 3. Reihe links), 94), Octagon Architekturkollektiv (S. 76), Team 6B (S. 91, 2. Reihe links, 3. Reihe links), alle weiteren Fotos von *all other photos by* Michael Zapf.

Für alle Abbildungen auf den Teamseiten sind das jeweilige Team und die Hamburger Behörde für Stadtentwicklung und Wohnen Inhaber der Bildrechte; *For all illustrations on the team pages, the respective team and the Hamburg Ministry for Urban Development and Housing are holders of the copyright.*

Herausgeber; *Editors*: Behörde für Stadtentwicklung und Wohnen (BSW), Dirk Meyhöfer, Hamburg

Redaktionsteam; *Editorial team:* Luise Köhler (BSW), Dirk Meyhöfer, Marit Pedersen (BSW), Constanze von Szombathely (BSW)

Übersetzung; *Translation:* Johanna Dawes, Dawes Communication, Hamburg

Lektorat; *Copy Editing:* Miriam Seifert-Waibel (Deutsch *German*), Hamburg, Alison Kirkland (Englisch *English*), Ashford (Kent)

Kreation, Gestaltung und Lithografie; *Creation, design and lithography:* Andy Lindemann, Natalie Gaspar (ELBE&FLUT, Hamburg)

Druck und Bindung; *Printing and binding:* BELTZ Grafische Betriebe, Bad Langensalza

Weiterführende Informationen zum Internationalen Bauforum 2019 | Magistralen finden Sie auf **www.hamburg.de/bauforum**.
Further information on the Internationales Bauforum 2019 | Magistralen can be found on ***www.hamburg.de/bauforum.***

In diesem Buch wurde bei Personenbezeichnungen und personenbezogenen Hauptwörtern mit wenigen Ausnahmen die weibliche und die männliche Form verwendet. Nur an einigen Stellen wurde aus Gründen der besseren Lesbarkeit von diesem Prinzip abgewichen. Die in diesen Fällen verwendete verkürzte Sprachform hat nur redaktionelle Gründe, beinhaltet keine Wertung und gilt für alle Geschlechter.

Bibliografische Information der Deutschen Nationalbibliothek: Die Deutsche Nationalbibliothek verzeichnet diese Publikation in der Deutschen Nationalbibliografie; detaillierte bibliografische Daten sind im Internet über http://dnb.d-nb.de abrufbar.
Bibliographic information published by the Deutsche Nationalbibliothek: The Deutsche Nationalbibliothek lists this publication in the Deutsche Nationalbibliografie; detailed bibliographic data are available on the Internet at http://dnb.d-nb.de.

jovis Verlag GmbH
Lützowstraße 33
10785 Berlin

www.jovis.de

jovis-Bücher sind weltweit im ausgewählten Buchhandel erhältlich. Informationen zu unserem internationalen Vertrieb erhalten Sie von Ihrem Buchhändler oder unter www.jovis.de.
jovis books are available worldwide in select bookstores. Please contact your nearest bookseller or visit www.jovis.de for information concerning your local distribution.

ISBN 978-3-86859-658-8